厦门口述历史丛书 7　　厦门城市职业学院　编
XIAMEN CITY UNIVERSITY

主　编　陈仲义

李启宇　等　口述

潘　峰　访谈整理

寻根究底

——闽南文化学者群

厦门大学出版社
XIAMEN UNIVERSITY PRESS

国家一级出版社

全国百佳图书出版单位

图书在版编目(CIP)数据

寻根究底:闽南文化学者群/李启宇等口述;潘峰访谈整理.—厦门:厦门大学出版社,2020.12
(厦门口述历史丛书;7)
ISBN 978-7-5615-8029-5

Ⅰ.①寻… Ⅱ.①李… ②潘… Ⅲ.①文化—名人—生平事迹—福建 Ⅳ.①K825.41

中国版本图书馆 CIP 数据核字(2020)第 252545 号

出 版 人	郑文礼
责任编辑	韩轲轲
封面设计	张雨秋
技术编辑	朱 楷

出版发行 厦门大学出版社

社　　址	厦门市软件园二期望海路 39 号
邮政编码	361008
总　　机	0592-2181111　0592-2181406(传真)
营销中心	0592-2184458　0592-2181365
网　　址	http://www.xmupress.com
邮　　箱	xmup@xmupress.com
印　　刷	厦门兴立通印刷设计有限公司

开本	889 mm×1 194 mm　1/32
印张	7.25
插页	4
字数	176 千字
版次	2020 年 12 月第 1 版
印次	2020 年 12 月第 1 次印刷
定价	58.00 元

本书如有印装质量问题请直接寄承印厂调换

厦门大学出版社
微信二维码

厦门大学出版社
微博二维码

李启宇部分著述

陈耕著述

何丙仲著述

龚洁著述

洪卜仁著述及其主编厦门文史丛书系列(洪卜仁工作室提供)

周长楫著述

彭一万著述

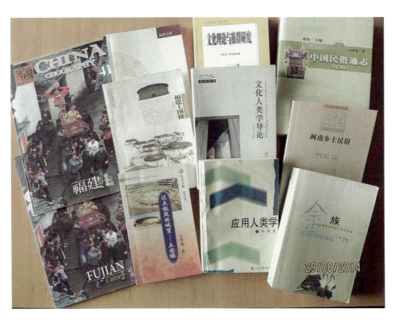

石奕龙著述

总序一

因城而生　跨界融合

唐　宁

　　历史如浩瀚烟海，古今兴替，尽挹其间。鹭岛厦门在千年史籍里沧桑起伏，远古时为白鹭栖所，先秦时属百越之地，而后区划辗转由同安县至南安县至泉州府，又至嘉禾里、中左所、思明州，道光年间正式开埠，光绪年间鼓浪屿成"万国租界"。1949 年 9 月，厦门始为福建省辖市，逢今正与新中国同庆七十华诞。

　　七十年风云巨变，四十载改革开放，厦门始终走在发展的前列。厦门的经济建设者和文化传承者在这片热土上播洒了无数血汗，书写了特区建设可歌可泣的恢宏篇章，他们的事迹镌刻在厦门历史的丰碑之上。在有册可循的文字记载之外，尚有不少重要的人与事如沧海遗珠，未及缀补。

　　借此，厦门城市职业学院秉持"因城而生，为市则活"的办学信念，不仅通过专业建设主动对接厦门现代产业体系的需求，为厦门经济建设输送大量高素质技术技能人才，同时也通过多样性文化研究平台的建设，主动担当传承厦门优秀文化的使命。其中，由本校陈仲义教授领衔，汇聚校内英才、兼纳厦门名士，成立的"厦门口述历史研究中心"，多年来致力于借助口述历史的形式，采集、整理那些即将消失的厦门城市记忆和历史"声音"，成就了一批如"厦门口述历史丛书"这样的重要成果。

卡尔·雅斯贝斯(Karl Jaspers)说："对人们而言历史是回忆，因为人们曾从那里生活过来，对那些历史的回忆便构成了人们自身的基本成分"，"人生而有涯，只能通过时代的变迁才能领悟到永恒，因此只有研究历史才是达到永恒的唯一途径"。从这个意义看，口述历史正是文字历史的多元融合形式，二者融合可以实现对文字历史的"补缺、参错、续无"之功。

厦门城市职业学院跨界组建口述历史研究团队，在对厦门城市历史的修撰补充中，通过跨界与融合，使厦门经济建设与文化传承的脉络更加清晰，使人们对过去时代的领悟更加深刻，从而使未来的发展更加稳健。陈寅恪先生说："在历史中求史识。"而历史的叙写过程何尝不亦为史识的求证过程？历史告诉我们，发展才是硬道理；历史的叙写过程告诉我们，跨界、融合，才是通向卓越发展的道路。这正契合了厦门城市职业学院的办学理念：育人为本，跨界融合，服务需求，追求卓越！

陈仲义同志是与厦门城市职业学院一起成长的专家、教授，长期以来笔耕不辍，著作等身，受人景仰，在中国诗歌评论领域建树丰硕。祝愿他带领的新的团队，为厦门地方文化建设，踔厉奋发，再续前页。

2019 年 8 月

总序二

盾构在隧道里缓缓推进

陈仲义

　　2015年暑期，奉命筹建口述历史研究中心，定位于承传厦门本土文化遗产，"口述"珍贵的人文历史记忆，涉及厦门名门望族、特区建设人才、侨界精英、闽南非物质文化遗产，以及原住民、老知青、老街区等题材的采集、整理、研究工作。

　　以为组织一干人马，并非什么难事。物色人选，各就各位；遴选题材、规范体例、包干到户，如此等等，便可点火升帆。然而，一进轨道，方知险情叵测。这些年来，"双建"（建设国家级示范性院校、省级文明院校）目标之重如大山压顶，团队成员几近分身无术、疲于奔命。先后有三位骨干因教学、家庭问题退出，一时风雨飘摇。面对变故，我们也只好以微笑、宽容、"理解之同情"，调整策略，放缓速度，增补兵源。

　　开工之后，"事故"依然不断：明明笃定选中的题材，因事主"反悔"，说服无效而眼睁睁地看着泡汤；顺风顺水进行一半，因家族隐私、成员分歧，差点夭折；时不时碰上绕不过去的"空白"节点，非填补不可，但采撷多日，颗粒无收，只好眼巴巴地在那儿搁浅，"坐以待毙";碰上重复而重要的素材不想放弃,只能在角度、语料、照片上做大幅度调整、删减,枉费不少功夫;原本以为是个富矿,开采下去,却愈见贫瘠,最后不得不在尴尬中选择终止……诸如此类的困扰大大拖了后腿。好在团队成员初心不变,辑志协力,按既定目标,深一脚浅一脚缓缓而行。

团队从原来7人发展到10多人。校内10人来自中文、社会、旅游、轨道交通、图书馆、办公室等6个专业与部门。除本人外,皆清一色70、80后,正值"当打之年"。校外7人,分属7个单位,基本上属古稀花甲。如此"忘年交"配对,没有出现"代沟",反倒成全了本团队的一个特色。

团队阵容尚属"可观":正高2位、副高8位、讲师2位。其中硕士4位、博士3位。梯队结构合理,科研氛围融洽。特别是校外成员,面对经费有限,仍不计报酬,甘于奉献。

在学院领导的关怀和大力支持下,丛书终于初见规模。作为中心责任人,在选题挖掘、人员组织、关系协调、难题处理方面,虽倾心尽力,但才疏智浅,不尽人意。如果丛书能够产生一点影响,那是团队成员群策群力的结果;如果出现明显的纰漏不足,实在是个人短板所致!

阅读丛书,恍若穿梭于担水街、九姑娘巷、八卦坪,在烟熏火燎的骑楼,喝一碗"古早茶",再带上两个韭菜盒回家;从阁楼的樟脑箱翻晒褪色的对襟马褂,猛然间抖出残缺一角的"侨批",勾连起南洋群岛的蕉风椰雨;提线木偶、漆线雕,连同深巷里飘出来的南音,乃至一句"天乌乌,欲落雨"的童谣,亦能从根子上触摸揉皱的心扉,抚平生活的艰辛;那些絮絮叨叨、缺牙漏嘴的个人"活捞事",如同夜航中的小舢板,歪歪斜斜沿九龙江划到入海口。我们捡拾陈皮芝麻,将碎片化的拼缀、缝补,还原为某些令人歔欷的真相,感受人性的光辉与弱点;也在接踵而来的跨海大桥、海底隧道、空中走廊的立体推进中，深切认领历史拐点、岁月沧桑、人心剧变如何在时代的潮涌中锻造个人的脊梁。

历史叙述，特别是宏大的历史叙述，随着主要亲历者、见证者离去，"隔代遗传"所带来的"衰减"日渐明显。而今当下，历史开始从主流、中心、精英叙事转向边际、凡俗。新地带的开垦，将迎来千千万万普通民众汇入的"小叙事"。日常、细节、互动，所集结的丰富性将填补主流人类学、历史学、社会学、地方志的"库藏"，因应出现"人人来做口述史"（唐纳德·里奇）的提倡，绝非空穴来风，而具深远意义。

口述形式，有别于严丝合缝的文献史料，也有别于步步推进的考辩理据；亲切、在场、口语化、可读性，可能更易迎合受众的"普及"，这也是它得以存在且方兴未艾的长处，怎样进一步维护其属性、增添其特性光彩呢？口述历史不到百年寿龄，其理论与实践存在诸多争论与分歧。作为基层团队，多数成员也非训练有素的史学出身，但凭着热情、毅力，凭着对原乡本土一份挚爱，"摸着石头过河"，应该可以很快上岸。

表面上看，口述历史难度系数不大，大抵是一头讲述，一头记录。殊不知平静的湖面下藏有深渊。它其实是记忆与遗忘、精准与模糊、本然与"矫饰"、真相与"虚构"、本能与防御、认同与质疑，在"史实"与"变形"间的悄然较量，其间夹杂多少明察与暗访、反思与矫正。不入其里，焉知冷暖？

"口述性"改变了纯文献资料的唯一途径，但没有改变的依然是真实——口述史的生命。初出茅庐，许多规范尚在摸索阶段，但总体而言，第一步基本上应做到"如实照录"，亦即《汉书》所褒赞司马迁的"其文直，其事核，不虚美，不隐恶"的实录精神，而要彻底做到这一点很不容易。不仅要做到，接下来还要互证（比较、分析），规避口述者易犯的啰唆重复、拖泥带水、到哪算哪的游击作风；而整理者的深入甄别、注释说明、旁证辅助、文献化解、在场还原、方言转换，尤其是带领学生社会实践的参与度，仍有很大的提升空间。

厦门历史文化，比起华夏九州、中原大地，确乎存在不够悠久丰厚之嫌，但与之相伴的闽南文化、华侨文化、嘉庚精神，连同入选国家级非遗名录的歌仔戏、高甲戏、南音、答嘴鼓、讲古等，各有厚植，不容小视。中心刚刚起步，经验不足，稚嫩脆弱，许多资源有待开发，许多题材有待拓展，许多人脉有待联络，许多精英有待挖掘。如果再不努力"抢救"，就有愧于时代与后人了。

其实，厦门出版的地方历史文化书籍还是蛮多的，大到盛世书院，小至民居红砖，成套的、散装的，触目可取。但面对拥挤而易重复的题材，何以在现有基础上，深入腹地，称量而出；面对长年养成的惯性思路，何以在口述语体的风味里，力戒浅率而具沉淀之重？

编委会明白自身的长短，与其全面铺开战线，毋宁做重点突进，遂逐渐把力量集中在四个面向：百年鼓浪屿、半世纪特区、国家级非遗名录、老三届群体。希望在这些方面多加钻探，有所斩获。

无须钦慕鸿门高院，关键是找好自身的属地。开发历史小叙事、强化感性细部、力戒一般化访谈、提升简单化语料，咀嚼謦颏间的每一笔每一划。罗盘一经锁定，就义无反顾走到底，积跬步而不惮千里之远，滴水穿石，木锯绳断，一切贵在坚持。愿与各位同道一起，继续铢积寸累，困知勉行。

最近刚刚入住东渡狐尾山下，正值二号地铁线施工。40米深的海底隧道，隐隐传来盾构声，盾构以平均每小时一米的速度推进着，与地面轰鸣的搅拌机相唱和。俯瞰窗外白炽的工地和半掩的入口处，常常想，什么时候，它还会碰上礁岩、滑沙、塌陷和倏然涌冒出来的地下水？失眠的夜晚，心里总是默数着：一米、一米、再一米……

2019 年 4 月

目录

李启宇

史海书山　其乐融融

简介:李启宇,厦门人,副编审。曾任《沙县志》主编、《沙县非物质文化遗产丛书》(七卷)总编审、《厦门市志》(2004 年版)第一册总纂、《湖里区志》执行副主编。在《中国地方志》《福建文史》《福建史志》等刊物发表多少论文,并著有《厦门读史》《厦门史略》《闽南先贤》《厦门史料考据》《厦门书院史话》《鼓浪屿史话(修订)》《民国厦门老票据解读》等。

一、从沙县到厦门地方志编委会办公室

我是 1948 年 12 月出生的。学生时代在厦门市颍川小学、厦门市第六中学、厦门市第一中学读书。1969 年 3 月 8 日到上杭县古田公社古田大队插队,1972 年 10 月转到沙县城关公社水南大队。当了 8 年农民之后,1976 年 7 月调到在沙县文化部门工作。我没有受过全日制大学本科教育。1984 年毕业于福建广播电视大学中文专业。1984 年参加地方志工作。除了散见于省市多种报刊的数十篇文学作品和学术论文之外,主要编著有:《沙县志》《沙阳历代风物咏》(选注)、《沙县民间文学》《沙县文化历史丛书》等。1994 年,我作为重点学者被收入林恒和李爽主编、陕西人民出版社出版的《中国当代方志学者辞典》。所谓重点学者,是指条

文中收录被介绍人学术观点的学者。该辞典收入全国各地方志学者三千余名，其中介绍学术观点的有二百多名。我以为，对于社会科学工作者而言，能形成自己的学术观点才说明你在某一领域达到了一定的高度。因为上述成果，在中国电大成立15周年时，我被收入记载中国电大历届优秀毕业生的《中国电大英才录》一书。

1997年，我调入厦门市地方志编纂委员会办公室，开始从事厦门地方史的编撰和研究，到今年（2017年）为止，已经整整20个年头了。回顾当年调回厦门，套用一句老话，完全是"无心插柳柳成荫"。1996年，我到省里参加闽台首届城隍历史文化学术研讨会，遇到省地方志编纂委员会的老领导，闲谈时，这位老领导说："我记得你是厦门的知青，厦门请省里帮助他们推荐修志骨干，你要是愿意的话，我们帮你推荐。"我随口答应道："好啊。"

城隍文化研讨会结束后回沙县不久，我真的接到厦门市志办的电话，说欢迎我到市志办工作，如果我愿意的话，他们很快就会发来商调函。我给省方志委的领导打了个电话，把厦门来电的事告诉他们。省方志委领导建议我把我主编的志书和撰写的论文寄给厦门市志办，说是借此"加深印象"。我便找出几篇发表在《福建史志》上的论文，加上一本《沙县志》，托人带到厦门市志办。

没想到过了几天，厦门市志办打电话通知我：情况发生变化，调动的事不办了。

说实话，调厦门市志办的事我本来就是随口答应而已。我在沙县安居乐业已有二十多年，生活、工作环境都不错。再说我当时正忙得团团转：《沙县文化历史丛书》只出版了4册，第五册正在组稿中；我手头还在整理、选编沙县知名乡土诗人邓经铭的遗诗《茶峰诗选》；我负责文宣和对外联络的淘金山定光禅院大殿刚刚落成，后续工程正在规划之中……既然不能调动，我便埋头做自己的事。

没想到大概半个多月后，厦门市志办又打电话给我，说是他们又想要我了。我后来才知道，厦门市政府有关领导有一次给省方志委打电话催问帮厦门市推荐修志人才的事，省方志委领导回答说："推荐了八九个人，你们嫌年纪太大，但其中的李启宇不到 50 岁，是你们厦门的知青，沙县的主编，实践和理论都不错，这样的人你们都不要，我们就没办法了。"再往后，就有了厦门市志办再给我打电话改口要人的事。

1997 年 2 月 18 日，我正式到厦门市志办报到。没想到，一次会议期间的闲谈，竟然成为我返回厦门，为家乡修志编史贡献绵薄之力的开始。

二、厦门修志编史 12 年

回到厦门后，我才发现，厦门修志这潭水实在很深很深。

1983 年，厦门就成立了修志机构，是福建省最早启动编写地方志的。《厦门市志》的编写采取"两步走"的办法，就是各单位先编写部门志或单位志，为市志提供资料，再由市志办负责进行总纂，改编为市志的分志。许多单位编志热情很高，陆续出版了一批部门志、单位志，但因为种种原因，市志的总纂工作却迟迟未能展开。直至 1996 年，省内各市、县的首轮修志基本完成，拟议中的《厦门市志》的 52 部分志没有一部成稿，全部处于待编之中。厦门市地方志编写工作滞后，与厦门经济特区作为改革开放的标杆城市的地位严重不符。经过研究，市政府决定采取三项措施，尽快改变落后局面：一是从经费和办公条件方面为修志提供切实的保障；二是加强领导；三是请省里帮助引进适合的修志人才。我就是在这种背景下被调进厦门市志办的。

到退休为止，我在市志办工作了近 12 年，除去基层修志辅导、

《厦门市志》和《厦门年鉴》组稿、编辑等日常性的工作,有一些事是值得一提的。

第一件事是撰写《厦门市志·总述》。

进市志办后,交给我的第一个任务便是撰写《厦门市志·总述》。这部分志牵涉到对厦门历史资料的全面掌握以及对厦门历史发展阶段的科学判断,对于编写者的宏观把握能力和文字表达能力有极高的要求,是《厦门市志》52部分志中难度最大的。后来传说,把这个任务安排给我时,有人说:李启宇刚刚来,怎么写得出市志的《总述》。说的也是,厦门市志办成立14年来,进进出出的权威、专家、人才不在小数,不要说动手编写,连口头上沾点边的都没有。怎么可以把这个活安排给一个初来乍到的新手呢?但马上就有人说:他是省里推荐的人才,他不写谁写?

在我来说,我喜欢挑战。做没有人做过的事,才显示出我的价值。而且编写市志的《总述》,势必要接触到与厦门有关的种种资料,正符合我决定回厦门时的想法:到厦门后不要着急,先看看资料再说。

我那时没有房子住,家属也还没有来,单位给我的办公室添置了一张折叠式木头沙发,白天当长靠背椅,晚上放下来就是一张床。我把有关资料从资料室搬到办公室,白天看,晚上看,逐渐看出了眉目。经过半年多的努力,我终于完成《厦门市志·总述》的征求意见稿。根据现在我对厦门地方史的认识,反观当年的《厦门市志·总述》,这部分志在资料掌握的全面性、资料辨析的准确性方面还存在一些提升空间。但对于厦门修志工作而言,毕竟完成了一部难度最大的分志;对我而言,通过撰写《厦门市志·总述》,我大致了解了厦门地方史料的分布情况,为日后的研究打下了扎实的基础。

后来,我又编写了《人口志》(不含计划生育部分)、《环境保护

2008 年 6 月在办公室

志》和《宗教志》的道教部分。承担这些部门志的编写工作跟我坚持的专业修志工作者应具备"工作的主动性和攻坚能力"有关。地方志固然都有承编单位，但现实中往往会遇到有些单位因为种种实际困难而无法完成编写任务的情况，此时，专业修志工作者就不能等待观望，以免贻误战机。当承编单位确实遇到一时难以克服的困难时，专业修志人员有责任、也应该有能力出手相助。

第二件事是担任《厦门市志》第一册的总纂。

1998 年，来了个外省人当市志办领导，为了赶进度，市志的编写程序发生了变化，先由相关单位根据市志篇目写出初稿，经由专职或临时聘请的编辑处理后，交给专家审定，最后由市志办的总纂负责修改、定稿。在地方志编写工作中，总纂有两种含义：作为名词相当于主编；作为动词就是根据地方志的指导思想、结构、体例、文体、文风等要求对承编单位编写的初稿进行综合处理。不管做哪一种解释，总纂都是决定志书质量的重要因素。我被任命为《厦门市志》第一册的总纂。但是，既然稿子已经通过专家审定，总纂怎么有权对志稿再做变动呢？按照这种特殊的编纂程序，总纂只是一种虚设的职务或虚设的环节。

但是，因为有在沙县十年修志的实践，对厦门的情况也有了相当的了解，我还是看得比较透。我认为在编修地方志方面，厦门并没有专家。如果厦门有修志专家，修志工作怎么会落在全省后头呢？我这么说并没有否定各行各业专家的意思。只是地方志是一门专门学科，不同于文学创作、不同于文史资料、不同于工作总结、不同于通讯报道、不同于专业论文，其他行业的专家不一定可以胜任地方志审稿的职责。

果然不出我所料。我接手的《厦门市志》第一册的专家审定稿确实存在许多问题。如果不负责任，听之任之，市志一印出来就将是废品。但要负责任，难度很大。发现一个问题，必须先向领导汇报；领导被说通后再与专家联系，约定会谈时间和地点；会谈时，领导必须在场，必须带上原稿，说明错在何处、打算如何修改，说明时必须用请示的语气……只是有的专家审定稿可以说是千疮百孔，惨不忍睹。如此一而再，再而三地折腾，效率十分低下。还好有关专家最后终于松口：你们觉得该怎么改就怎么改，不要问了。尽管不要再折腾了，但处理这种稿子真的是受罪。因为是专家审定过的，每一次纠错都战战兢兢，比平常多费几倍的精神，生怕万一搞错了，会"吃不了兜着走"。这一阶段，我真真切切地体会到什么叫作"如履薄冰"。

除了一般的编校、修订，《厦门市志》第一册在关于厦门历史发展的重大问题上有三个重要突破：一是确定了厦门早期开发代表人物"南陈北薛"为陈僖、薛令之，我为这个问题撰写的《"南陈北薛"新考》一文作为重要史料收进《厦门市志》的附录；二是排除了流行一时、似是而非的郑氏集团控制厦门岛时期是厦门"第一次开放"的错误理念；三是根据"虎头山日本专管租界"遗存档案，纠正了民国《厦门市志稿》以及社会上流传的关于这一事件的误传和戏说，恢复了历史的本来面目，我为这一事件撰写的《厦门虎头山租界事件真相》一文发表在《福建史志》，为相关部门编写外事志提供了新的、翔实的佐证。

第三件事是出版《厦门读史》。

从1999年开始，我就有了撰写、出版个人专著的想法。后来忙于《厦门市志》的编纂，这件事便暂时搁在一边。2002年《厦门市志》基本定稿之后，我就利用市志印刷校对和编辑《厦门年鉴》的空隙，着手整理历年来撰写的论文和史料考证。2004年是我从事地方志工作20周年的年份，我想用出版专著作为个人修志20年的纪念。2004年4月，这部专著在海峡文艺出版社正式出版，书名定为《厦门读史》。

《厦门读史》收录25篇文章，这些文章大致分为两辑，第一辑是与厦门有关的史料考证，第二辑是关于地方志编写的理论探讨。关于厦门史料的考证，我在这部书的《后记》中有一段话：

> 厦门方志界是相当热闹的。由于各级领导普遍重视修志工作，大多数单位并不缺乏人才，加上经济状况较好，厦门公开出版或内部编印了不少部门志、单位志，为编修《厦门市志》创造了极为有利的条件。在撰写《厦门市志·总述》时，我基本上拜读了这些志书，从中受益匪浅。但是，在阅读和写作的过程中，我也发现，这些志书对于某个历史事件的记载有时会出现相互矛盾或各持一说的情况。如果是普通的读者，一般是不会注意到这种情况。即使偶尔有所觉察，也不会去追根究底的。作为为撰写《厦门市志·总述》而阅读的我，对此却不能泰然处之。在关于同一事件的几种不同的说法中，我只

能选择一个。要选择就必须找根据,找根据就必须追根究底。本书第一辑的不少文章,就是这种"追根究底"的产品。(《厦门读史》,海峡文艺出版社2004年版,第234页)

理论探讨部分是针对如何编好新型地方志、如何抛弃"文化大革命"式的不良学风、如何营造健康的学术风气等等发表的个人见解。其中,1991年撰写的《地方志主编业务素质初探》被省地方志学会评为年度优秀论文,2000年撰写的《努力克服地方志的"宣传色彩"》发表在《中国地方志》,产生了较大影响。但真正面对厦门历史研究的现实有感而发的是《史实的嬗变》一文。我在这篇长达12000多字的文章中以"虎头山日本专管租界事件"为研究对象,归纳出导致史实发生嬗变的四个原因:一是违背"信载籍而不信传闻","即有传闻亦应证之载籍"的原则;二是为了证明某种观念,适应某种框框,不惜改造、捏造史实;三是将编史修志等同于文学创作,虚构细节,乱用修辞,滥抒情感,妄加评论;四是未能认真阅读原始资料,未能依据情理、事理选用资料。这四个问题的背后,牵涉到厦门史学界的学风问题。我一直认为:这四个问题的提出,比具体地纠正某个史实的误说具有更高、更普遍的价值。

《厦门读史》是厦门第一部地方志专著,填补了厦门地方志研究的空白,开启了厦门地方史研究商榷、批评、争鸣的风气,尽管存在一些瑕疵,但我还是为这本书感到自豪。我觉得,我十几年前在《史实的嬗变》中提出的导致史实发生嬗变的四个原因至今仍值得警惕。

第四件事是出版《厦门史略》。

地方志是资料性的工具书,但从管理的角度讲,地方志属于政书,实行"党委领导,政府主持"的领导体制,编写过程实行"众手成志,领导拍板"的管理模式,这种体制和模式很难照顾到个人的史观。新编《厦门市志》出版后，我觉得我关于厦门历史发展的很多想法没能体现在志书当中。另外，新编《厦门市志》有5册之厚、750万字之多，不便携带，不便阅读。《厦门读史》出版之后，我就萌生了撰写一部关于厦门发展历史的科普型历史读本的念头。我不说假话，从写作的角度讲，因为有比较扎实的史料积淀，这本书写得比较轻松，2005年动笔，2007年写完，书名初定为《厦门史稿》，后来改为《厦门史略》。因为资料积累从1997年就开始，所以我称"《厦门史略》是我十年来研究厦门历史所作的一份小结"。

书稿完成后，接下来就遇到出版资金的问题。像我这样没有行政资源的草根学者，资金是个难以解决的大问题。出版《厦门读史》时，单位一毛不拔，我自掏腰包，花了12000元。两年刚过，我不可能再自己解决《厦门史略》的出版经费。好在当时市社科联出台了资助出版社科专著的政策，使我看到一点希望。

申请资助出版社科专著需要两个有高级职称的专家推荐。经时任厦大图书馆馆长陈明光教授介绍，厦大郭志超教授等二人在繁忙的教学和学术活动中挤出时间审阅了书稿，欣然给以推荐。特别是郭志超教授，前前后后的大力扶持，体现出一个学院专家对草根学者的关注与提携，我至今仍铭感在怀。

申请资助出版社科专著需要单位或社会团体出面申报。因为有《厦门读史》的前鉴，单位的路已经堵死，我只好向闽南研究会求援。陈耕会长听取了我的介绍，看了郭志超等教授的推荐辞，当即答应以闽南文化研究会的名义向市社科联申请资助出版《厦门史略》。

经过市社科联委托的专家的评审，再经福建人民出版社陈学松等精心编校，《厦门史略》终于于2008年6月正式出版。

《厦门史略》是第一部从文明发展的角度讲述厦门历史的专著。全书以厦门地方发展为主线，讲述了厦门从福建东南沿海一个荒岛到农渔经济的蕞尔小岛、征战之地、沿海和对台通洋港口、国际商埠、海防前线、经济特区、海湾型城市的发展过程。这部专著最大的特点就是史观和史料方面的出新。

厦门文史界很少谈到史观的问题,但研究地方史实在离不开史观。

厦门文史界此前流行的关于厦门历史的多种著述,基本上是从阶级斗争的角度来看待厦门历史的,带有诸多的局限,个别著述甚至存在为了维护某种观点篡改史料的问题。《厦门史略》创造性地把邓小平评价是非的"三个有利于"的标准运用到历史研究中,从文明发展的角度分析资料、组织资料,从而给人耳目一新的感觉。在史料出新方面,《厦门史略》大量采用三种史料:一是田野调查和考古工作中发现的新史料;二是新发现的文献资料;三是恢复了"唯阶级斗争史观"影响下被有意隐瞒甚至被篡改的史料。

在厦门历史上,最令人痛心的历史事件发生在明末清初。我在《厦门史略》中引用了大量的史实来还原这段历史:从明天启六年(1627年)海盗郑芝龙进犯厦门到清康熙十九年(1680年)清朝在厦门岛派驻总兵,长达半个世纪的时间,厦门岛始终处于刀光剑影之中:先是明军、倭寇、海盗、葡萄牙和荷兰入侵者之间的种种争斗,后是郑氏家族与清王朝的三十余年的抗争,在郑氏家族控制鹭岛的12年中,几乎是年年征战:顺治八年(1651年)春,清提督马得功攻进厦门岛,随即又被郑军夺回;顺治九年,清总督陈锦率部攻厦;顺治十年,清都统固山金励与郑军大战于厦门海域;顺治十一年,郑军北上攻入长江,并派出部队攻打福清、海坛、长乐、永定、漳州、泉州、兴化、诏安等地,以获取军饷;顺治十二年,清定远大将军世子王统兵南下,郑成功派兵拆除漳、泉两府所属各县防城,并下令岛上居民搬迁渡海,军属则迁往金门、浯州、镇海等地,时称"空岛";顺治十三至十四年,清军与郑军在厦门一带海域及陆上进行多次战役，互有胜负；顺治十五年，郑成功率部北征，次年兵败退回厦门；顺治十七年，清将军达素、总督李率泰率兵前来，与郑军激战于厦门海域，大败后撤回；顺治十八年，清政府强令闽、浙、粤沿海 30 里以内及近海岛屿的居民迁界，成千上万百姓离乡背井，流离失所；清康熙二年（1663 年），清军攻占厦门，毁城拆屋，强迫岛上居民迁离，全岛成为没有人烟的荒岛。当时有民谚称："同安血流沟，安平成平埔，嘉禾断人种。""嘉禾"是厦门岛的古称。清军要税，郑军要饷，百姓十室九空。前有"空岛"之举，后有"断人种"之惨状，竟然还有人称这一时期是厦门的"第一次开放"，"出现了与国内其他地区不同的繁荣景象"。史实被扭曲到这种程度，真是令人痛心！

在新史观的引领、新史料的支撑下，《厦门史略》对厦门的早期发展、郑氏家族的抗清活动、闽海关与洋关、鼓浪屿和传教士、中外文化的交流与撞击、辛亥革命在厦门以及厦门近代城市的建设等等，进行深入探讨，揭示了和平、稳定、开放、包容才是百姓福祉这一朴素的真理。

《厦门史略》出版后，引起文史界和媒体的关注，多家报刊刊发了消息或评论文章。这部书后来还获得厦门市第八次社会科学优秀成果奖。

第五件事是开展福德文化的探讨。

2008 年，我一度参与闽南文化研究会的工作，主编了《感恩土地》这本小册子。《感恩土地》虽然只是内部使用的非正式出版物，但还是有它独特的价值。这本小册子收录了我撰写的 3 篇文章：《福德文化述要》是国内最早的完整阐述土地公信仰的起源、祭祀场所、祭祀风俗以及文化意义的专门著述；《厦门仙岳山土地公庙纪事》结合仙岳山土地公庙建筑的演变、现有建筑的工艺特点，将仙岳山土地公崇拜的初始、演变固定化，提供了可供传播、研究的文本;《从土地公信仰看民本思想的进程》则从"以人为本""人民最大"的角度探寻20世纪50年代以来香港、台湾、大陆土地公形象以及祭祀场所朝大型化演变的原因。如今的仙岳山土地公庙是中国大陆规模最大的土地公祭拜场所,是湖里区乃至厦门旅游、对台交流、对外宣传的一张名片,其文字渊源实际上开始于《感恩土地》这本小册子。

我曾经有一度对文化介入民间信仰产生兴趣。改革开放以来,一些从前被禁止的民间信仰得到恢复,但与此同时,一些迷信的东西又卷土重来。当然,从某种角度说,民间的迷信也是属于信仰自由的范畴,但我觉得应该通过文化介入、文化参与的办法,逐步提升民间信仰活动的文化品位。其实,我在《感恩土地》小册子的3篇文章中都或多或少地讨论到这个问题。后来,由于种种原因,我很少再参与这方面的活动,也就不再提起提升民间信仰活动文化品位的话题。但有时看到有的知名人士为打着民间信仰的旗号进行抽签卜卦的宫庙站台,心里很不是滋味。我觉得,文化人还是要有底线的。

从1997年2月到2008年底退休,我在市志办整整工作11年又11个月,除了上述5件大事之外,还承担了民国版《厦门市志》部分篇章和电子版清道光《厦门志》的审校,协助审校了新编《厦门市志》其他分册的部分分志,在市属各区和有关单位进行了多场二轮修志的辅导报告,编辑了2002年至2008年每年一册的《厦门年鉴》总字数在100万字以上的条目。我有多篇论文发表在国家级、省级刊物上,为方志理论宝库增添了内容,为厦门争了光。参与闽南文化研究会工作期间,我还出版了《闽南先贤》,但这部书的宣传色彩稍显浓重,我个人不大喜欢。

说来也巧,按照年头计算,我退休前在沙县和厦门从事地方史编纂的时间都是12年。不知道冥冥之中是不是有什么定数。

三、退休 10 年笔耕未停

到 2018 年,我退休已经满 10 年了。回头去看看这 10 年,连我自己都有点吃惊:这 10 年所做的事情,不比退休前的 12 年少。这 10 年也有几件事值得一提。

一是编纂《湖里区志》。

由于湖里区志办前负责人林庆明先生的推荐,退休的第二天,我就到湖里区志办帮助编纂《湖里区志》。湖里区从 2007 年 7 月开始启动区志编纂工作,至 2008 年已经完成了大部分部门志或单位志。2009 年 1 月,由我主持开始进行《湖里区志》各分志的编辑也就是总纂工作,随后我被任命为《湖里区志》执行副主编。湖里区丁红斌、陈枫、林日清等直接领导给予我高度信任,使我可以放开手脚,全身心投入到修志工作中。领导允许我弹性上班,我基本上是上午 9 点上班,傍晚七八点才下班,周六、周日只休息一天。这样埋头苦干了三年多。2010 年 6 月,《湖里区志》初稿基本完成。其中,我撰写了《总述》《中国国民党地方组织及其政权》等分志,参与编写《建置区划》《自然环境》《商业》《交通物流》等分志,完成除《湖里区地方政治协商会议》《湖里区妇联会》《方言》《人物》之外的所有分志的编辑,负责全书所有分志的修订。此后至 2012 年 3 月出版稿样完成,对百余万字的《湖里区志》进行 5 次全面修订,均是我亲力亲为。《湖里区志》是第一部全面、系统记载湖里区及其前身禾山自然变迁、社会和经济发展的地情书,真实反映了古代先民含辛茹苦,在厦门岛北半部被称为“山场”的地方开辟家园,并向海外拓展的艰辛苦楚,忠实记录了 1949 年以来辖区境域人民在中国共产党领导下一手抓军事斗争、一手抓生产建设,从土地改革、互助合作,到人民公社化的奋斗历程,描绘了改革开放以来,全区人民在中国特色社会主义理论的指引下,建设经济特区,把半渔半农的海岛郊区初步建成现代化都市城区的辉煌岁月。我在《湖里区志》编纂过程中的工作量以及所承担的责任,远远大过《厦门市志》第一册。这部志书用了我约三年半的时间。尽管编写过程中遇到了一些原先未曾想到的阻力,因为审稿问题使得《湖里区志》的出版时间推迟了两年,而且出版时莫名其妙地多出了一位来自东北的"总纂",但是,能够担任这部湖里区地方志开山之作的执行副主编,亲手将各个部门、全体参编人员提供的千万字以上的资料精选、捏合成百余万字的《湖里区志》,使我感到十分欣慰。

二是出版《厦门史料考据》。

2012年3月离开湖里区志办之后,我将历年来撰写的厦门史料方面的考据做了一番整理,觉得有必要将这些文章结集,争取出版。

这些文章大部分在《厦门晚报》副刊部的"方志"专栏上发表过。"方志"专栏原来曾一度名为"乡土",是《厦门晚报》副刊部专门用来刊登地方史料的版面,2001年1月创刊,2011年6月停刊。它的编辑是黄秋苇先生。秋苇先生对乡土文化的一片痴情,他对编辑这个岗位所秉持的传统的职业道德,实在令人钦佩。所谓传统的编辑的职业道德,也许现在的许多人都不知道了。但说来也很简单:就是重视培养作者,尊重作者。他有编辑的敏感性。有时候我无意间提起什么话题,他很快就会发现其中有什么值得发掘的东西,然后就三天两头给我打电话,直到文章写出来。我和秋苇先生合作多年,受益良多。在整理这部书的稿件时,我才发现,这些在"方志"专栏上刊登的文章,有一些竟然可以成为厦门史研究的拓荒之作,比如:《手抄族谱揭秘宋帝屠村》《鼓浪洞天考》《池显方与厦门名胜》《八宝丹片子癀传奇》《唐陈元通夫妇墓志铭考辨》等;有些甚至影响到福建外交史、革命史的编纂,比如:《明天启二年攻剿红夷大败真相》《第一次鸦片战争厦门战役真相》《百年租界的再审视》《辛亥革命期间厦门独立、光复解密》等。文集中《后月港时代初期厦门湾的海上贸易》一文通过翔实的资料证明：月港因淤积被启用后直至清初，厦门湾尚未形成现代意义上的通商港口，福建东南沿海的海上贸易主要在厦门湾通过"船对船"的方式进行，这种贸易方式不同于当代的港口贸易。这是史学界首次对月港被弃用之后到厦门设立闽海关之前福建东南海域海上贸易的状况进行考证。

这本关于厦门史料的书原来的书名是《厦门史考据文集》，共收入 35 篇文章，分设"我识"（注重人物考据）、"我闻"（注重事件考据）、"我思"（注重考据事理辨析）三个专辑。但市社科联的资助出版条例规定的资助出版对象限定为学术专著，不含文集。经过再三考虑，为了得到出版资助，便将三个专辑打乱，改设"古代史料考据""近代史料考据""现代及新史料考据"三章，各章的下面再按时期设节，用时间把 35 篇考证强行串成一部专著，书名改为《厦门史料考据》。由于上述原因，这部书在版面设计、文体文风的统一等方面都存在不尽如人意的地方。但是，话说回来，这样的一部书，能得到资助出版就是莫大的成功。此前，厦门文史界还没有出版过类似的专门就厦门地方史的史实进行考证的书籍。

三是编写《鼓浪屿史话》。

2013 年 1 月 11 日，我忽然接到时任厦门市社会科学院院长王琰的电话，邀请我编写《鼓浪屿史话》这部书。王院长介绍：2009年，市社科院牵头组织编写一套"鼓浪屿历史文化系列"丛书，全套10 册，《鼓浪屿史话》为其中一册。至 2012 年年底，其余的 9 册均已完成，唯独《鼓浪屿史话》落空。"鼓浪屿历史文化系列"10 册共用一个书号，合标一个定价，一册没有完成，其余的 9 册只能堆放在仓库里。原计划一年、最多两年完成的一个项目因为一本书的延误，拖了 4 年还没有着落，这使王院长心急如焚。此前，王院长已经和原先的有关人员达成终止合同的协议。王院长希望我能承担这项任务。

我不知道王院长为什么会想到我。但从内心来说,我实在不愿意卷入这件事。多年来,厦门文史界没能写出一本统合古今的鼓浪屿史的专著,这可以说是一件怪事;后来说要写了却没能写成,这又是一件怪事;参与此事的大都是厦门顶级的文史专家,竟然要由我这个草根学者来收拾后事,这更是一件怪事。我告诉王院长:"我不想参与此事。"王院长应该是事先预计到我可能会拒绝,委婉地说:"你先不要做决定。我是相信你可以胜任这项工作才来找你的。你再想想,明天答复我。"

接完电话后,我想了很久。从写作层面上来说,编写这样一本书,对我来说并没有什么难处。对于真正的厦门地方史的研究者,鼓浪屿是无法避开也不能避开的课题。我在2007年出版的《厦门史略》一书中,就有两章是专门为鼓浪屿而设的。把这两章生发开来,再加上近些年新的研究成果,就是一部相当漂亮的《鼓浪屿史话》。只是我实在不愿意在这种时候作为"救火队员"出现,你想想,有那么多的权威,哪里用得着我来救火!但是,提起《厦门史略》,就勾起我对市社科联的一段感激之情——我的《厦门史略》就是由市社科联资助出版的。而市社科院的前身就是市社科联的社科研究中心。在情感上,市社科联交办的事我是不可以能办而不办的。思前想后,我还是拿不定主意。

第二天,王院长又打来电话。寒暄几句之后,王院长说:"你就当作是帮我的忙,好吧?"我所有的心理抵触,被王院长这么一句话彻底击溃。我没有再多说,接下了《鼓浪屿史话》的编写任务,答应争取在半年内交稿。5天之后,我带着一份《鼓浪屿史话》编写纲目连同一些重要章节的编写意图,到市社科院向王院长汇报。之所以要过这一个程序,是因为我关于鼓浪屿的一些观点有点独特。

比如说,我不赞同有的专家提出的鼓浪屿工部局的法规、律例是"帝国主义套在中国人民脖子上的绳索",帝国主义在鼓浪屿实行"令人发指"的"残暴统治",工部局管理之下的鼓浪屿是"藏污纳垢"之地等说法,理由很简单,一是不符合我掌握的史实,二是不符合大多数老厦门人、老鼓浪屿人的认知,三是都已经进入"申遗"时代了,不能再用庸俗阶级斗争史观、狭隘民族主义史观来看待鼓浪屿。

参加市社科联科普活动周

　　直到今天,我还是对王琰院长的开明、大度怀有很高的敬意。他表示:不搞一言堂,尊重作者个人的观点。决定接受这一任务时,因为一位挚友的嘱托,加上当时的我有点不知天高地厚,想带一带年轻的文史工作者,以改变厦门文史界年龄偏大的状况。因此,如《鼓浪屿史话》的《写在后面》所说,我曾找了一位助手并安排这位助手撰写第四章。实际上,这一安排最后是落空了。往返三次稿件后不理想,我发现如此折腾比我自己动笔更花时间,而根据工作计划,时间我是耗费不起的。于是,我当机立断,告诉这位助手不要再做下去了,我自己来写。

尽管半年内交稿的难度很大。但是,由于当时年仅65,还能够熬夜,加上有长期的资料积累和多年历史写作的锻炼,进展还是相当顺利。大概两个月之后,《鼓浪屿史话》的初稿完成。为了慎重起见,我请来几个导师、朋友,开了个小型座谈会,会后,对初稿做了一次较大的修订。4月初,《鼓浪屿史话》第一稿正式提交市社科院审查。此后,根据市社科院、"鼓浪屿历史文化系列"丛书主编兼总审稿黄猷前辈的审稿意见以及本人的思考,对这部书稿进行了三次全面修订。6月,书稿正式送交出版社。10月初,《鼓浪屿史话》由厦门大学出版社出版。编撰期间所有的修订、利用审稿空余时间编纂鼓浪屿大事记以及出版期间的三审三校,全是我独力进行的。《鼓浪屿史话》是第一本统合古今,从文明发展和中外文化撞击、融合的角度阐述鼓浪屿历史的专著。我在这本书的封面上写下"百字简介":

关于鼓浪屿,已经有太多太多的描述,相信本书不是唯一的。

从历史传承的角度,本书将告诉你:这座小岛怎样从昨天走到今天;从世界文化遗产的角度,本书将和你一起重新发现鼓浪屿。

四是编写出版《厦门书院史话》。

2013年,市社科联筹备成立同文书院,安排我就历史上的同文书院做个发言。9月26日,我在同文书院揭牌仪式上做了"同文书院——厦门文脉的历史坐标"的发言,时任市社科院领导对厦门的书院产生了兴趣。2014年5月,市社科院约请我撰写关于厦门书院的一本书,书名定为《厦门书院史话》。2015年4月,《厦门书院史话》在鹭江出版社出版。这部书只有 11 万字，但从我接触同文书院起，用了将近两年的时间。这本书对中国传统书院是由地方注资、地方官府掌管的论述以及对厦门英华书院、同文书院等新型书院人文精神的探讨，是至今为止中国书院研究的著述中没有提到过的。

2013 年 1 月在厦门市图书馆举办讲座

因为学术界关于中国传统书院的研究已经有许多成果，作为学术地位微不足道的一个草根学者，特别注意立论的稳妥。为了说明传统书院的官办色彩，书中不仅列举了厦门书院创办、管理的众多史实依据，还查阅了《新唐书》《宋史》《元史》《明史》《清史稿》等史籍关于书院设置的记载。书中特别讲述了宋代著名教育家、思想家朱熹办学的例子。朱熹官职在身时所办教育机构称为书院，如白鹿洞书院、岳麓书院等；隐退时所办教育机构称为精舍，如寒泉精舍、竹林精舍等等，有效地坐实了古代传统书院的官办色彩。厦门除了传统书院之外，辟为五口通商口岸之后，还创办了寻源斋书院、英华书院、同文书院等一批新型书院。《厦门书院史话》通过对不同类型、不同机制的书院的对比研究,拓展了中国书院研究的范围,体现了厦门文化的特色和影响。厦门文化的这一特色,就是厦门市委宣传部部长叶重耕在《序》中所指出的:

> 厦门融汇了多元文化的精神物质,兼具内陆文化与海洋文化之长处,整合了中原文化与闽南文化之精髓,反映了中国文化与西方文化之激荡……厦门地方历史文化的研究和传承,有两个维度十分重要,即中华文明史进程的维度和全球文明史进程的维度,非如此不能激发出厦门文化的更大活力和影响。

《厦门书院史话》还透过晚清、民国以来通过行政强制手段取缔书院的行为看到学校成为程式化的机构,看到统一学制、统一教材在便于普及教育的同时扑杀教育特色的弊端,体现出一定的思想深度。

五是专栏写作。

我退休后有了自由支配的时间,在身边的良师益友的帮助和鼓励下,得到了为两个专栏写稿的机会。

一是《厦门文艺》"名人与厦门"专栏。《厦门文艺》是厦门市文化广电新闻出版局主管、厦门市文化馆主办的群文综合性出版物。我在2008年认识《厦门文艺》主编曾纪鑫,2009年开始为"名人与厦门"这一栏目写稿,这一写就是8年多,直到2017年初我因为个人的计划终止这个栏目的写作。8年多的光阴,纪鑫先生不离不弃,自始至终以一种宽宏体谅的态度相对,使我如沐春风。另一个专栏是《厦门晚报》副刊部的"厦门掌故",一度称为"厦门往事",主持人是萧春雷先生。2004年,我的《厦门读史》刚出来的时候,大多数人还不知道李启宇是什么人,春雷先生第一个在他主持的《厦门晚报》副刊读书版上推介我的书。此后每有新作出版,春雷先生主持的版面上总会推出书评。春雷先生的信任奖掖一直是我对文史写作保持热情和敬畏之心的动力之一。我在他主持的版面上断断续续发过一些文章,"厦门掌故"这个专栏坚持了两三年,算是时间比较长的了。我为"名人与厦门"和"厦门掌故"这两个专栏写的东西有个共同的特点,就是把史料放在第一位。胡适先生说过:"有几分证据,说几分话。有七分证据,不能说八分话。"从我开始从事地方志工作,就把这句话作为写作的座右铭。因此,我在这两个栏目写的文章史料比较扎实,为厦门史宏观研究这座大厦提供了许多砖瓦。"厦门掌故"的许多短文,如《朱熹金榜山诗文考辨》《赠印佳话实为假话》《阮旻锡为施琅筹谋"专征"》《"下雪诗"证明厦门岛未下过雪》等,纠正了一些长久流传的误说。"名人与厦门"的一些文章,如《厦门第一个基督教传教士雅裨理》《寻源斋书院的首任山长》(介绍打马字)、《他为中国鼓与呼》(介绍山雅各)、《他为鼓浪屿奉献37个年华》(介绍洪显理)、《国学奇才贺仲禹》《侨界翘楚叶清池》等,在社会上产生了较大的影响。一篇关于鲁迅在厦门大学的史料考证在《厦门文艺》发表后,先后被《文学自由谈》《文学报》转载。因为这篇文章,我有幸成为《文学自由谈》2013年第4期的封面人物,这是有生以来第一次,恐怕也是这辈子唯一的一次了。

六是课题研究。

2013年完成《鼓浪屿史话》编撰任务之后,承蒙市社科院信任,我参与完成了两个课题研究。一是"关于厦门地方史研究的回顾与展望",二是"同文顶文化积淀及其现实意义研究"。

"关于厦门地方史研究的回顾与展望"分为两个部分,我为主完成的是"厦门地方史研究的回顾"部分。这个回顾对厦门历史研究的难度、厦门地方史研究队伍及其成果进行简要的汇总，从史料工作、史观变化、学术风气以及研究成果四个方面对厦门地方史研究做出学术评价，指出厦门地方史研究存在研究机构缺失，研究队伍存在队伍分散、年龄老化、专业训练不够等状况和缺乏宣传阵地、缺乏基本规划等问题。这个课题的完成时间，恰好和《鼓浪屿史话》《厦门史料考据》的编撰、出版时间交叉，加上课题成果的上报截止时间定在当年年底，时间相当紧张，因此显得比较粗糙，资料的完整性也有所欠缺。但这是厦门社科界第一次对厦门地方史研究的历史和现状进行全方位的考察，具有相当的开创性的价值。课题研究第一次提出的厦门地方史研究中史观的变化以及厦门史学界学术风气的状况具有一定的现实意义。

2015 年 3 月，我承担市社科院委托的"同文顶文化积淀及其现实意义研究"课题。这个课题于当年 12 月正式结项，用了八九个月的时间。但我关于同文顶的研究实际上从 2013 年举办关于同文书院的讲座就开始了，完成这项研究实际用了将近 3 年的时间。这一课题研究以同文顶为中心，结合周边乃至厦门岛经济环境的发展变化，从厦门文脉的历史坐标的角度对同文顶的文化积淀进行全面考察。我在这个课题研究中提出：同文顶就是厦门岛著名的古凤凰山山顶，属于清乾隆年间榕林别墅的范围，是厦门岛西南部十分珍贵的最接近自然生态的绿色宝地。这个课题发掘、归纳了同文顶丰富的文化积淀，包括郑成功和施琅文化遗存、海洋祭祀遗存、榕林别墅文化遗存、中外文化交汇遗存、新型书院教育遗存、海防文化遗存等等，同文顶文化积淀包含有厦门岛由农耕经济向港口经济转变以及东、西文化碰撞、交融等珍贵信息，不仅为建设同文顶文化公园提供丰富、坚实的文化内涵，而且是建设美丽厦门的宝贵财富，是厦门市申请历史文化名城的重要实证，具有重要的现实意义。

四、享受历史研究

在我的人生规划中，本打算 70 岁就脱离厦门文史，静静地看一些书，盘点自己的一生。但在脱离之前，打算留出两三年的时间对 20 年来的厦门史研究做个了断。

我始终认为，历史研究是个不断接近真相的过程。《厦门史略》《鼓浪屿史话》和《厦门书院史话》三部专著出版之后，陆续有了一些新的发现。特别是《厦门史略》出版 10 年来，随着厦门史研究的继续深入，许多新的史料被陆续发掘，《厦门史略》的局限性、阶段性也逐渐显露出来。为了对历史负责，对读者负责，同时也对自己负责，对该书重新修订、补充已经势在必行。我犹犹豫豫、断断续续，下了好几次决心，终于辞去两个专栏的写稿任务，想集中精力做好这三部专著的修订工作。我花了一段时间思考自己二十几年来历史研究的生涯，请著名篆刻家胡存钦刻了一方闲章，篆文为"依理而判，据实而言"。我用这八个字作为我的"治史心经"，可以说是总结，也可以说是临别宣言。我甚至把上世纪 70 年代以来积累的几千册书捐给厦门大学图书馆，以示断绝退路。之所以捐给厦大图书馆，一是答谢前馆长陈明光教授对出版《厦门史略》的帮助，二是感谢厦大图书馆区域研究资料中心周建昌主任不嫌弃我这样的草根学者，最先邀请我到该中心举办厦门史讲座。说实话，现在到什么地方开一次讲座已经是一件平常事，但是，当年第一次接到周建昌主任的邀请电话时，那种因得到承认而受宠若惊的心情至今记忆犹新。

尽管连资料都捐出去了，但做出这一决定之后，才体会到什么叫作"人在江湖，身不由己"。2016 年年初，我的《厦门史略》修订刚刚有个眉目，我的第二故乡沙县的老领导、老同事不知道为什么

治史八字心经:依理而判,据实而言

突然想起我,请我帮助编纂"沙县非物质文化遗产丛书"。虽然有种种忌讳,但又有种种不可推卸的情感,所以我先是拒绝,拒绝不了便打算挂个名,应付了事,初步介入后发现如果不全力以赴,该丛书的面世将会遥遥无期,最终责无旁贷地出任该丛书总编审。我整整花了一年半的时间,帮助制定丛书编纂指导方针、调整丛书结构、指导各卷作者撰稿、负责全书统稿和审定。"沙县非物质文化遗产丛书"由厦门大学出版社出版,全书设《沙县小吃大观》《沙县乡音口语》《沙县民间风俗》《沙县民间故事》《沙县民间歌谣》《沙县掌故史话》《沙县游艺技艺》等 7 卷,总字数约 150 万字,涵盖沙县非物质文化遗产的方方面面,是沙县除《沙县志》之外最大的一项文化工程。能在阔别 20 年之时出任这套丛书的总编审,应该感谢老天爷给了我这个回报沙县的机会。

"沙县非物质文化遗产丛书"还在印刷之中,我的思绪还没来得及转到厦门史研究旧作的修订方面来,2017 年 10 月,承蒙陈仲义教授领衔的厦门城市职业学院厦门口述史研究中心盛情邀请，协助撰写一部诠释厦门老票据的书稿。这么一来又花费了将近一年的时间。

此外，还有诸如举办讲座、代人审稿、应邀作文以及其他一些社会事务，原先的计划被冲得七零八落。

现在，生活好像又恢复了正常。我想，小的冲突可能难以避免，但大的冲突应该不会再有了，我把中断了两年多的修订旧作的计划又捡了回来，但做法稍有改变。原先的计划是建立在出版的基础上，考虑到我这样的没有行政资源的草根作者出版一本书的难度实在太大，改为利用网络发布我的修订成果。我在新浪开了名为"厦门读史"的博客，不定期地将修订好的文稿贴到我的博客上。到这篇访谈稿定稿时已经贴出8篇博文，很多人劝我，年纪大了，不要再干了，该享受享受了。其实，我就是把历史研究作为一种享受。我的这一代人经历过只能读一类书的时代，从事历史研究后，从国史、一统志到省、府、县的各级地方志，从专家学者的专著到修志同仁的论文，每一本书都开启了一扇瞭望世界、洞察历史的窗户。历史研究带来了阅读的享受。不管什么课题，只要与历史研究有关，说到底就是和古人打交道。那么多的古人，就住在我的书架上，住在我的电脑中，不管古今中外，不管天南海北，不管白天黑夜，不需要飞机、轮船、车辆，我可以穿越时空，随时请出我心仪的朋友，和他交谈一番，切磋一番，再把和古人相处所得，在键盘上敲打出一行行文字，和有兴趣的读者共享。真是史海书山，其乐融融。我想，就用这句话来结束这次访谈吧。

陈
耕

从编剧到"闽南学"

简介：陈耕，1948 年生，曾任厦门市台湾艺术研究所所长，歌舞剧院院长、厦门大学兼职教授、厦门市闽南文化研究会会长。现任福建省闽南文化研究会副会长、厦门市非物质文化遗产保护中心专家组组长。2007 年获文化部"全国非物质文化遗产先进个人"称号。著有《闽南文化概论》《百年坎坷歌仔戏》《闽台民间戏曲的传承与变迁》《闽南民系与文化》等书籍。主编《闽南文化研究》学术期刊，《闽南文化丛书》等。

一、求学经历

我祖籍同安，小时候在厦门定安小学里读书。定安小学是个很不错的教会学校，在厦门小有名气。小学一年级时候，我的成绩很不错，就被选为班长。我现在的基础就是那时打下的。小时候，我对文学有特殊的爱好，喜欢听故事，看不同的书。小学三、四年级开始，我就看三国演义的小人书。所以我的作文不错，经常在全年级排名靠前，常常作为范文宣讲。我体育也不错，特别是足球，所以当时的我还是学校足球队的队长。初中我在大同中学读书，当时学校教学质量超过第一中学。1964 年我到一中读书，正好遇到 1963 年的阶级斗争。那段时间里，政治氛围很浓重，让我感到很压抑。

到了高一的时候，厦门歌舞团排演《椰林怒火》。内容是有关抗美援越的，要求全市党政群众都要观看。中央下发指示，要求各地艺术院团去上海学习，然后组织排演，在全国各地演出。厦门歌舞团也去学习，回来由于人员不够，就从厦门一中和八中抽调一些学生参加。我很幸运也在里面。高一整个暑假，我们集中在实验小学排练，而后在中山路人民剧场演出。排练和生活都很辛苦，晚上在教室地板上打地铺睡觉。每天早中晚三班，我们连续排练，大概20天的时间就开始演出。都是单位包场，场场爆满。一天演出两场，最多时每天四场，下午演两场，晚上两场。每场时间大概一个半小时。我是舞蹈群众演员，戏份很少，领导又分配我兼拉大幕。我从中学到了很多艺术表演的知识。原来拉大幕是很有讲究的，每一场大幕升降是要根据剧情控制节奏，调节拉动的方式。这些经验，对于我后来当歌舞剧院的院长有很多帮助。

我和母亲

中学时，我记忆力很好，课堂上认真听老师讲课，考试基本都会，所以在读书上花费的时间不多，很多时候都在玩，不是踢足球就是排练节目，或者是去听讲座，这些经历使我的眼界变得开阔。到一中后的第一个月的班委民主选举，我票数最多，但因为出身原因，班主任不同意我当班长，所以我只能当学习委员，后来因为我的文艺体育比较好，就当了文体委员。从小学到初中我一直是班长，到了高中以后由于出身的原因没当成班长对我当时幼小的心灵造成了很大的打击，也正是因为如此，我才拼命努力想要证明给大家看，在下乡时我是最积极的，第一个下乡，毫不犹豫地去把户口退了。

下乡是在永定，大部分人集中住在知青点。我独自一人插队落户在一个农民的家里。她是个烈士，二十几岁就守寡，只生一个女儿。两个儿子，都是收养来的，她把我当成是毛主席派给她的第三个儿子，对我特别好。我也把她当作我第二个妈妈。这使我觉得这里也有一个温馨的家。也正因为这样，我在农村没有感受到很苦。她在村里威望很高，是村里的妇女主任，为人非常正直，也很能干，所以我虽然家庭出身不好，但那时候基本上没有受过什么大的歧视，很安心地去参加农业劳动。

二、从散文到编剧

我小时候对闽南文化没什么概念，甚至是排斥的，那时也没有人讲什么闽南文化。我是后来到 80 年代跟台湾接触后才有所了解的。1990 年，我参加市委政策研究室一个对台文化交流课题，结题时有我们的领导，是非常权威的老先生，他来评审课题，提出：有闽南戏曲，但有闽南文化这样一种文化吗？当时不承认有这样一种文化，很多人对它是持否定的态度的。

我原名叫陈家锺，我的一个哥哥在1963年主动下乡去了永定西区农村，对当时的我影响很大。在下乡时，我是第一批主动下去的，绝大多数人是到了九月份被迫下去的。那个时代最光荣的是到边疆去，到祖国最需要的地方去。越艰苦，就越有一种光荣成就感。

1971年一个很偶然的机遇，我认识了恩师张惟。张老师是龙岩人，1949年参加革命，后来到南京军区，在总参装备部当参谋时就出过散文集了。1958年报名到北大荒853农场，"文革"前调回福建，当了省委宣传部的一个干事，"文化大革命"时被下放到了永定。

1972年参加芦下坝水电站建设

当时永定有一个很大的工程——芦下坝水电站，是省的重点工程。1970年9月大队派我去那当民工，西溪农场（相当公社）组织一个连，有知青也有农民，以知青为主。连长和指导员都是

1963 年下乡的老知青。我是一排的排长，全工地所有最艰苦的活，都是让我们一连一排去，完成得非常好。张惟老师下放后调到县委宣传组，来采访我，因此与他结识了。当时工地的电厂要架一个一万伏的高压线，我表现出色就把我抽去了，在架线当中我有感而发写了篇散文送给张老师，张老师看后觉得不错，就把我的散文发表在永定县当时的杂志《永定文艺》上。这样我写作的干劲就更大了。

到了 1972 年，水电站落成。我已经是水电站数一数二的劳动模范。但因为家庭的原因，知青里面转为工人没有我的份，很多人替我打抱不平，第二批时就把我转为了工人，但是不能到水电站去做运行，只能在离水电站几公里远的大坝看水，做一些比较没有技术含量的工作。但这也使我有了很多时间。1974 年开始，我没事干就开始看书写东西，当时写的主要是剧本。我最早接触的是歌舞剧本，那时候经常有会演。

文革只有八个戏，所以民间的业余的剧团很活跃，很多专业的学生都下放到民间去了。1975 年福建省要举行一次全省的工农兵文艺汇演。当时我写两个剧本，一个歌剧本，一个话剧本。节目入选代表永定县去参加龙岩地区的七个县的会演。演完后剩下一个话剧本叫《水电站的故事》，代表龙岩参加全省的会演。

1976 年龙岩筹备纪念古田会议和红四军入闽两个 50 周年，张惟是创作组组长，就把我调去创作组，创作组有两个工人，我和龙岩特钢厂的林咏；两个农民，回乡知青张胜友和厦门知青陈恬；还有一个解放军。张胜友后来是中国作协书记处书记，可惜去年去世。陈恬走得更早。

8 月底，张维就带着我们上井冈山，先到古田，然后到才溪，9 月初走到了长汀，碰到傅连暲的第一任妻子。第一任妻子长征的时候留下来带孩子，也照顾过毛主席。在她那里采访到毛主席的

1976 年在长汀福音医院和张惟、傅连暲夫人刘赐福合影

保健医生傅连暲的故事。傅连暲的父亲在教会里面当长工，傅连暲从小就放牛，教会看中就收留他读书，曾在汀州福音医院的亚盛顿医馆学医。1925 年"五卅"运动以后外国人走后，傅连暲便当了院长，一个月 80 块大洋的工资。那个时候两个大洋就非常好过，老婆孩子都有了。1929 年红四军入闽，后来毛主席几次在他那里休养治病，在毛主席的影响下他就参加了红军，当了红军第一个专业医院的院长，三次救了毛主席的命，跟着毛主席长征，到了延安，解放以后是中华医学总会的会长，卫生部的副部长，中将军衔。

抗美援朝时，毛主席叫傅连暲去给林彪看病，他回去给毛主席报告说林彪没病，主要是抽大烟。林彪从此对傅连暲怀恨在心。到了"文化大革命"，林彪派人在傅连暲家里埋了一个电台，然后进去抄家把电台抄出来,打报告给中央说傅连暲是苏联的特务,把中央首长的健康用无线电台报告给苏联。傅连暲就被抓起来折磨死了,尸体也找不到了,现在傅连暲的骨灰盒里只有他的一根钢笔和一顶帽子。

听完,我非常感慨。一个知识分子放弃温馨的家庭,放弃安定的工作,跟着毛主席 25000 里长征去完成中国伟大的革命事业。从一个洋人培养的知识分子医生到义无反顾地走上革命道路,这需要多大的决心!后来我和张惟根据这个写了电影剧本《红色医生》。剧本刊登在《闽西文艺》上面,寄给了上海、西安等几个电影制片厂。过了几个月,西安电影制片厂给我们来信,说他们看后觉得很好。1977 年 1 月份还没过春节的时候,导演老高和编辑张子良到龙岩来找我和张惟,我们四个人就在古田会议纪念馆,花了半个月按照他们的意见进行修改,改成《血与火的洗礼》一书。

1977 年在西影改剧本参访延安

那时电影剧本都是要党委一审再审的。龙岩地委全体党委都过来讨论剧本,因为是写毛主席的保健医生,所以等于是写毛主席如何改造革命队伍。基本上大家都觉得没有问题,所以剧本一下子就通过了。

4月中旬又要我们去西安电影厂改剧本。正是开放初期，我在那里看了很多旧的电影，包括西方的，给我印象最深的就是罗马尼亚一个音乐家的电影，给我的感触非常大，经过这段时间的学习，我对电影艺术有了进一步的了解。后来张惟也过来了，在西安改到11月份，再到北京，把剧本交文化部审查。那时正好是十一届三中全会。

文化部没人拍板，要我们回到福建审查。省委、福州军区，当时司令杨成武、政委李志民、副政委王植全部来审这个剧本。他们当中很多人都是被傅连暲看过病的，当时的省委书记廖志高，傅连暲也救过他的命，所以剧本就很顺利地通过了。

1978年就开始采景选演员拍摄。本来我是要留在西安电影制片厂，但福建电影制片厂刚好恢复，福建电影制片厂的厂长是下放龙岩的干部，他就把我要去了。到那边马上就跟蒋夷牧两个人把小说《小城春秋》改成电影剧本，也花了很长时间。给我最大的感触是编剧在电影行当里面是最低等的，你这话千推敲万推敲，演员说，导演，这话我觉得这样改比较顺口，就改了，也不用征求你的意见。这就是我从一个工人转变到从事电影文化事业的经历。

三、踏入闽南文化研究阵营

1981年1月份，我回到厦门文化局剧目创作室，省里面当时非常重视创作，给厦门七个编制，成立创作室。

回来以后，我主要写歌仔戏、高甲戏，也写话剧、歌剧。因为我原来学习的是话剧、电影，往戏曲方向转很不容易，必须从头开始，对我来讲是一个很大的挑战。开始的剧本都不成功，写成的是一个南音乐舞剧，叫《南音魂》，得了省里的优秀奖。1996年搞歌剧《阿美姑娘》,是我们厦门第一个得"文华奖"的作品。实际上,我还是比较熟悉这种歌舞剧。戏曲,我必须承认还没有进入到它的真谛。

80年代开始,对台工作慢慢变得重要起来。省戏研所领导几次对我讲,厦门要在对台文化艺术研究方面做些努力。从1984年我们就开始申请批准成立"厦门市台湾艺术研究所",整整申请了两年多。1986年"全国文化发展战略研讨会"在厦门开,高占祥部长来,同意厦门办一个对台的文化艺术研究所。当时叫研究室,现在改成研究院。因为只有文化部批准,才能够光明正大去收录台湾的电视。

当时只有厦门有这个条件,开办费、收录台湾电视节目的整套设备都是文化部给的钱和外汇。录下来的东西我们自己留一份,一份送给文化部台办,还有一份送给国家图书馆。

我们跟文化部台办合编一本内部的杂志叫作《台湾文化艺术动态》,由我们编辑印刷。我从1987年开始整整看了4年的台湾报纸、文化艺术杂志和书,许多台湾朋友都吃惊我对台湾的了解。就在这当中,我第一次看到了林再复先生的《闽南人》。这是我看到的第一本系统研究和论述闽南文化的书,而且是从闽南人的角度来讲。

在这之前我们有大量闽南文化的作品,包括1926年厦大国学院做闽南的民俗调查,基本上都只是介绍闽南文化某一方面的事项,只是一些文化的表象,没有这样系统的介绍,更没有进入到人。这是我第一次系统地了解闽南文化,这是1988年的事情。这使我感觉闽南文化保留最完整的是在台湾,闽南自己都丢光了。而闽南文化正是维系海峡两岸民心极其重要的文化纽带。我们研究所有责任承担。

当时我还兼任文化局艺术科副科长(没有科长,我主持),1989年我就把科长辞掉,去厦门市台湾艺术研究所当所长。1989年厦门中秋南音会唱请了很多台湾的人来，台湾的曾永义教授（台湾"中研院"院士）带了一个80多人的团队。曾永义教授人品、学识都堪称一流，我也以老师尊称他，彼此结下了很好的情谊。后来我们厦门市对台的文化交流合作，都有赖于曾老师的推动、筹划。

接着举办1990年海峡两岸的闽台民间戏曲研讨会，台湾戏曲专家邱坤良来了。他后来当台艺大校长、"文建会"主委，有些绿，但是文化中人，我们都成为很好的朋友。

1994年访金门接受李炷烽赠书

1994年我当团长，带"金莲升"高甲戏剧团到台湾岛和金门岛两地。这是大陆第一个表演剧团到金门，演了两个月，走遍大小金门，影响非常大，受到国台办的表扬。在曾永义教授推动下，1995年首届海峡两岸歌仔戏学术研讨会在台北开。会议之后我和曾学文又转了台湾一圈，拜会、结识了许多朋友。就这样，我们跟台湾建立起了非常亲密的关系。

我在对台交流当中学到了很多闽南文化的知识，也因此深刻了解到，闽南文化非常完整地留存在台湾。不仅是闽南文化，中华文化也是非常完整地留存在台湾。

在台湾艺术研究所的办公室（日光岩下）

1989年,炎黄文化研究会在厦门召开"闽台文化研讨会"是闽南文化研究的一个里程碑。所谓闽台文化,实际上重心就是闽南文化。萧克同志亲自主持,它把80年代分门别类的研究闽南文化,第一次整合起来,形成了对闽南文化的成体系的研究。有的是研究闽南的民俗,有的是研究闽南的方言,有的是闽南的信仰,我们就研究闽南的戏曲。这一次会议能将闽南文化整合起来的原因,就是因为1988年蒋经国去世,李登辉上台,中央就加强了这方面的工作,直接领导推动对台交流。人心的统一也是习总书记现在还在讲的,我们不追求形式上的,主要是两岸民心的契合,只有文化能够解决。其中分量最大、影响台湾老百姓最深刻的就是闽南文化。所以说我认识闽南,是从对台开始,然后认识到这项工作很重要。闽南文化研究已经超越了区域文化研究的价值,它已经变成一个国家的诉求。

台湾艺术研究所是1987年1月份成立的,它推动我对台湾的了解。我看台湾的电视，读台湾的报纸，又读了林再复的《闽南人》，就提出了很多关于通过闽南文化的交流与合作，来争取台湾民心之类的问题。同时也梳理出闽南文化中，维系着两岸民间最重要的精神纽带，第一是民间信仰、第二是宗族文化。这两条正好就是我们中华文化的核心：尊天敬祖。

上世纪 80 年代到 90 年代是台湾的文化转型期。跟我们现在一样，也出现了很多文化乱象，但是他们对文化的关注有许多值得我们学习，如社区营造。现在我们 GDP 可以超过台湾。但是百姓的文明修养，还有很多需要努力。这是我们所面临的一个非常重要的问题。正是从台湾的研究里面，看到我们自己的问题，我开始改变了过去那种对闽南民间文化艺术的轻视和漠视。

从 90 年代开始，我就花了大量的时间探查研究闽南文化。用了三年的时间写了《台湾文化概述》。这本书里面有 31 万字，其中三分之一多的内容是在讲闽南文化，应该是大陆第一次系统地对闽南文化进行梳理和描述。

1993 年以后我的研究主要放在戏曲，在歌仔戏。1997 年集中研究所力量编写出版"歌仔戏研究丛书"五本。其中《歌仔戏史》是全国重点社科课题，1999 年获得了新中国成立 50 周年艺术研究科研成果三等奖，是福建省唯一获奖的。

过去有两个观点，第一说歌仔戏是在漳州创造的，第二个说歌仔戏从台湾传到大陆，是从漳州开始的。我当时写了一篇论文，否定了歌仔戏是在大陆这边诞生的，论证歌仔戏是在台湾的宜兰诞生。台湾歌仔戏传播到闽南地区首先是在厦门，在厦门得到热烈欢迎以后，再传播到同安、泉州、漳州。这个论文得了华东田汉研究奖。

我接着做闽台戏曲的研究，写了《闽台民间戏曲的传承与变迁》。一个重要的结论就是，台湾戏曲是明末清初才开始从福建，主要是闽南地区传过去的。1661年郑成功要打台湾，何斌来献海图。何斌要逃跑出来，就把荷兰人请到他家去喝酒看戏，看的是竹马戏，借机上船逃往厦门。这是台湾最早有文献记录的戏曲。在此之前，台湾少数民族没有戏曲。

1994年我写了歌剧《阿美姑娘》，可是没人愿意排。领导要我去当歌舞团团长。可当时歌舞团只有剩下四十几个人，怎么可能排一个歌剧？后来领导要我去当艺术总监，厦门市文化局副局长去当团长，重新把歌舞团推动起来。当时是市委书记亲自来歌舞团开办公会，便定下来了。1996年11月歌剧《阿美姑娘》首演，参加福建省会演，一炮打响。1997年1月进京演出，获得了文华奖。同年9月，我兼任厦门歌舞剧院的院长。

2000年陈水扁上台后，中央对闽南文化的研究更加重视。2002年中侨委在泉州举行闽南文化节，文化节里面有个闽南文化论坛。政治局委员、外交部部长钱其琛在论坛发表重要讲话，各级领导对闽南文化渐渐重视起来。我参加论坛的文章，是关于闽南文化研究的回顾，就是学术史。

2003年，我既要创作，还要研究。工作很繁忙，特别是歌舞剧院的工作。长期的劳累使我中风了。在2003年春节的一天早晨发现我的两个手指头不能动，没法控制它。就到到医院去检查，医院说是过度疲劳，引起脑微血管痉挛收缩。当时我是歌舞剧院的院长、研究所的所长、戏剧家协会的会长。我就把这三个都辞掉，回到台湾艺术研究院，专心做闽南文化研究。

这时期的闽南文化研究，可分三个段落：首先是发现泉州，20年代林语堂领导的厦大国学院就开始关注泉州的民俗、海上丝绸之路等。第二是发现台湾，主要的是闽南文化。第三就是发现闽南，叫作两个三角，厦漳泉小三角和闽南、台湾、南洋大三角。两个三角的交汇点正是厦门港。闽南小三角1500万人，台湾1800万人祖籍闽南，东南亚 2000 万人祖籍闽南。它是一个文化区域的概念。所以就进入第二个研究，就是闽南文化概念的研究。我提出了闽南、闽南人（闽南民系）、闽南文化、闽南文化区域、泛闽南文化五个基本概念。

一是闽南的地理概念。不仅是我们现在的厦漳泉，像龙岩的新罗、漳平，文化上也是闽南。潮汕很多地方也是闽南文化，浮冰文化还是闽南文化一个很重要的发源地。第二个概念，谁是闽南人？我哥哥的孩子出生在闽南，两岁就到西安去了，闽南话一句都不会讲，但他认同自己是闽南人。还有像很多外地人到闽南、厦门，如果你想在这儿子子孙孙住下去，你已经改变了，你实际上已经认同了这块土地。所以文化首先是脚下土的文化。闽南民系，跟闽南人有重叠的地方，可是它有更大的内涵。第四个概念就是闽南文化区域，现在我们又有新的提法，叫作六个闽南——本土闽南、对岸闽南、南洋闽南、港澳闽南、欧美闽南（现在欧美的闽南已经有 600 多万）、外地闽南。大陆除了闽南核心区之外，像潮汕，像海陆丰，像海南岛、雷州半岛、浙南、赣东都有闽南人，讲闽南话。海南的文昌话是属于闽南方言的。

从两个三角到六个闽南，应该说这也是我们研究的一个进步以及认识的提升。但是在研究当中，两个三角还是六个闽南，它有不一样的地方，这是一个基本概念，大家认同。当然最重要的概念就是闽南文化。什么是闽南文化？闽南文化究竟包含了什么？概念的研究是学科建设的基础，我们当然不可能先有概念再展开研究，一定是在研究当中才可能去展开它的。概念研究实际上也是我们第二阶段的主要研究。

第三阶段是体系，或者说学科、学术体系的研究。闽南文化的研究如果要进入一种学术的研究，必然要有学术体系叫作闽南学，这是 2003 年第二次闽南文化学术研讨会我提出来的。我当时就认为任何一门学问,任何一个文化的研究,它有两个方向,一个是对于文化事项的研究,还有就是学科理论的建设,这两者是相辅相成的,没有两条腿没办法走路,一条腿跳不远。所以我写了《闽南学学科体系的理论框架初探》,提出了一个基本的框架,第一是概念研究,第二个是学术史研究,第三个历史,第四是结构研究。还有多学科研究,未来学研究,我认为这应该是一个相互关联的学术体系。

一个国家的话语体系是由学术体系来支撑的,学术体系是由学科体系来支撑的。没有自己的学科体系,建立不了自己的学术体系,也就不可能有所谓中国的话语体系。所以现在弄来弄去,都掉到人家的框框里面去了,在人家的概念、标准、规范圈里面。

第三世界国家的独立,第一是政治独立,第二是经济独立,第三个时代就是文化独立。我认为中国现在最核心的任务是文化建设,文化建设的关键就是首先要构建自己的学科体系。西方的学科体系和我们中国的学科体系有根本的不同。他们是分科治学。我们是系统治学。中国国学是文史哲不分,但是现在到了我们大学,找不到一个国学,你不要成看他们成立了很多国学院,国学是教育部不承认的,到了人事局,他不分配你工作的。只有中文系、历史系、中国哲学系,基本教材都是《论语》《诗经》《史记》。国学被三家分晋,分科治学。现在为什么出不了国学大师?根本的问题在这里。

所以我们把几个不同的研究结合起来,主要就是学科的建设。首先是理念的建设,这是我在2007年开始文化生态保护区工作以后的一个收获。如果理念不正确,做那些都是白费劲,都掉到人家的这个框框里面去。这个理念包括一个是文化自觉,这最重要的。然后文化自信,它的前提是文化认同。我们现在讲文化自信,实际上很多人对中国文化是不认同的。不认同,哪里有自信?那个自信是空的。第三个理念就是文化的生命规律。凡是生命，没有万寿无疆，只有生生不灭。

中华文化，现在看不到它最早的模样。文化即人，人即文化，文化也是一代一代生的，所以我们老祖宗说的那句话不是封建迷信：不孝有三，无后为大。文化生命规律的理念非常重要。习总书记提出创造性转化、创新性发展，就是把握了文化的生命规律。

主办 2016 年马六甲世界闽南文化节论坛

所以，研究文化，第一个是个理念的研究，第二个才是概念的研究，第三个才是学术史的研究，第四个叫作过程研究。文化的过程是历史，但是文化的过程跟历史又不一样。第五个是结构研究，它是静止的，跟过程相反，是一个结果。当你做结构研究的时候，你就必然要接触到这种文化的小环境、中环境、大环境。它正是在这三重的环境之下演变，就好像庄稼在太阳底下，在空气当中，在水、在土地等生存环境生长的过程。

文化生态保护区建设，是中国的创造，是对世界文化建设的贡献。它打开了人们的视野，把文化研究，从对文化事项、文化物种的研究,延展到对文化环境、对人的研究;把人、文化物种、文化环境,融汇成一个有机的、日新月异的文化生态系统。这是一个文化研究新的领域和层次。我们应该把闽南文化的研究放在这一个层次展开。

龚洁

厦门——"最美的邂逅"

简介：龚洁，1931 年生，原厦门市博物馆馆长，曾出版《厦门》（英文）、《鼓浪屿建筑丛谈》、《到鼓浪屿看老别墅》、《到厦门看红砖厝》、《鼓浪屿老别墅》、《中国厦门》、《海上花园鼓浪屿》、《台海往事》等著述，累计 300 万字。曾为厦门规划委员会顾问、鼓浪屿风貌建筑委员会委员、鼓浪屿申遗顾问、厦门市文物保护专家组成员、厦门闽台姓氏文化交流中心顾问、金门县宗族文化研究协会顾问。

一、走进厦门遇伯乐

1952 年，我从南京被分配到厦门市邮电局，当年是三班轮班制，一天下午，一天上午加晚上，晚上值班以后的第二天没有事了，三天中实际上有一天半是休息的。没事做的时候我就看书，写豆腐块小文，投给《福建邮电》《厦门日报》，慢慢地报纸上就有了我的名字。因此市委发现了，1955 年把我调到市委专案组工作。

首先做的是一个跟厦门地下党有关的专案，这个专案叫"025专案"，调查了一段时间，因为与专案对象有关的人不少都跑到美国和台湾去了，调查不了，实际上我是专案组的内勤，看了一大批这方面的资料。在结案的时候，市委说要找个人写结案报告送给中央,可写报告的人一时没找到,我就毛遂自荐说我试试,结果一试写了两万多字,最终讨论通过了。

在专案组待了两年,结案后,我要求回到邮电局去。市委让我到工业部门去工作,叫中共厦门市委工业交通政治部,于是1957年我就到了那里当秘书。

市委书记抓工业,经常把我叫去帮他记录,整理后将记录送给他。1959年,他当了市委第一书记,叫我当他的秘书。当书记秘书有很多工作要做,例如:文字工作、接待工作、保卫工作等都是秘书做的,收集全市各系统资料,写书记的讲话稿,包括到部队去祝贺的祝贺词,祝贺词不能长篇大论,大致就是八百至一千字,慢慢地我掌握了很多方面的格式。

各地的首长,包括全国各省的省委书记,省长以及中央的领导人到厦门来考察,这里面包括徐特立、谢觉哉、朱德、陈毅,第一书记就要去汇报厦门的各个方面历史及现在的生产生活情况等。书记就让我准备材料,以方便汇报时参考。1962年董必武到厦门,书记向他汇报厦门的历史。我给他准备的材料中提到厦门1933年设市。董老听后就说厦门那么迟设市吗?书记不敢肯定,回来之后问我1933年设市对不对。我告诉他1933年是十九路军"福建事变"时成立的"厦门市",国民政府批准厦门设市是1935年5月1日。因为领导需要,所以我收集了很多厦门的历史资料。实际上1959年我就开始收集积累古代厦门的情况。

后来广东省委书记来了,他要参观工厂,看名胜古迹,书记派我去当"导游"。广东省委书记很满意。那几年,我接触了很多人,包括几乎全国所有省市的第一书记,还有很多国家领导人。

我退休以后,写导游词就是在这个基础上写的。厦门开放以后,厦门的第一本导游词就是我写的,现在还在用,全国导游考试也用我的导游词。写作基础就是当年在市委当秘书的时候积累起来的。

以前导游考试都是现场考核，要带着考生去爬日光岩，游走南普陀、植物园等地，一天很多趟，太辛苦。现在就不一样了，叫考生来酒店讲，一个房间一个组，我们坐着听他们讲。我写的导游词，国家旅游出版社知道了，让我到北京去。我就带着初稿和照片还有另外两个人去了北京，旅游出版社的总编叫卢念高，讨论了大概三天多的时间，他觉得我们的照片不够，要重拍。当时厦门就跟上海、青岛等12个城市一起出一部"城市旅游丛书"，英文版的。

我写导游词，新景旧景一个点一个点写，什么大八景、小八景都写。市旅游局叫我去培训厦门的导游，给导游上课，我告诉导游们南普陀怎么讲，一到南普陀看它的山门，山门上有什么，是怎么回事，什么叫四大金刚，有什么故事；中间的弥勒佛有什么故事；地藏王有什么故事；大雄宝殿有什么故事，一个一个菩萨讲。那就得找资料，好多资料是矛盾的，各说各的。要按哪个说法？就得找南普陀的住持，他说佛教里有禅宗、曹洞宗等，中国最重要的是曹洞宗，我们南普陀是禅宗，泉州的是曹洞宗。

每个派说的不一样，要弄清楚庙里看到的菩萨的情况要花太多的时间，要看太多太多的书，不懂就问和尚。例如千手观音为什么有一千只手，手里边有眼睛叫千手千眼观音，为什么这样？那为什么有的没有一千只手，只有四十八只手，有的只有十二只手，弄懂了才可以给导游讲，费了很多功夫。

我讲了好多次，干脆把提纲编成一本书，叫《游遍厦门》，有一段时间，厦门小街小巷里边的摊点，都在卖这本书。后来我又增加内容，改为《中国厦门：实用导游词》，由北京海洋出版社出版，现在买不到了。厦门每年国导考试还在用这个本子。

二、从"一无所知"到建立博物馆

1983 年,市委调我到博物馆工作。

当时厦门还没有一个综合性博物馆,博物馆是圆的扁的还是长的方的,我弄不清楚,因为以前没有接触,我一直在搞工业搞宣传,有畏难情绪,一个军队的首长对我说:"你去搞多学习,做出了成绩社会承认,别人不承认没有关系,社会承认你就行。"这话非常触动我,一个人干事业,一个人要有所作为,不是做给什么人看的,是做给社会的。

首先我从基础开始,基础就是文物。当时什么叫文物我都不懂。找了很多行家帮我出主意,包括厦门大学的专家,于是我就外出参观博物馆,县文化馆、县博物馆、省博物馆、中央博物馆、专业博物馆、人物博物馆,一个一个看,全国的都去看。看过以后,心中对博物馆就有底了。

没有文物办不了博物馆,厦门没有文物,那么我就开始收集文物。泉州郊区农民开石矿时,发现 12 件石锛(有人说是新石器时期的礼器),没人要,就托人将其中一件弄到香港去试行情。有一天两个人带着 11 件石锛到八卦楼,问厦门要不要。我们馆的专家认为应该要,但是必须将送去香港的那件弄回来,他俩答应了,最后这 12 件石锛被定为国家一级文物。

我退休后仍然关注收集文物,2009 年从北京拍回福建兴泉永道周凯 1836 年在厦门任兴泉永道时画的《闽南纪胜》12 幅画。按原价转博物馆收藏。后来这个事情给台湾的人知道了,出高价要买,我说我已经交给博物馆了。过了两年,他出更高的价要买,我说早已交给博物馆了,不能拿回来。

去年,我得到一个鼓浪屿的中国第一届国际保龄球赛的金奖奖品,奖品是在英国的朋友那里拿回来的,我收下后也交给博物馆收藏。

三、结缘鼓浪屿,闽南建筑瑰宝

鼓浪屿有很多来访的人,包括日本筑波大学的人,都到鼓浪屿来考察鼓浪屿的老别墅。当时没有人会讲老别墅,我陪他们走街串巷,他们一路看一路拍,我就好奇,问为什么拍这个。他们说鼓浪屿很小,但是欧式建筑是全世界最集中的,各种各样的风格都有。他们到过上海、武汉、天津、青岛、重庆、葫芦岛,还到过哈尔滨。他们就告诉我,哈尔滨是俄罗斯式的,青岛是德国式的,天津稍微多一点有英国式的,上海是英式的还带有一点法国式的,那么比较多的就是香港跟广州。他告诉我,哪个窗户是维多利亚的、伊丽莎白的、南欧的或者是北欧的。这些东西我都记录下来,他一共说了大致有 250 多种。

有一个房地产公司,在济南做房地产开发,把他手下的部门经理,以及济南的员工都叫来厦门。他的总部在厦门海沧,把我拉去给他们讲鼓浪屿老别墅。他说要一栋一栋讲,我就选鼓浪屿好的 12 栋别墅,一栋一栋给他们讲,他们越听越来劲。还有美国膜技术专家,是厦门大学化工学院的,他们院长认识我,他说,龚老,你给我们讲一讲鼓浪屿老别墅吧。结果那些美国的专家、瑞士的专家、德国的专家等,都坐着轮椅来了,一个人推不动要两个人推,还有两个翻译,所以一个专家是四个人陪着,三十几个专家,陪同和护卫的工作人员太多。当时也没有耳麦,都是靠小喇叭讲,前面的听到了,后面的听不到,有的就要讲两遍。那天从 12 点开始讲,讲到天黑还没讲完。我说天黑看不见不讲了,他们说还要讲,我说没办法讲了。后来就到鼓浪别墅去吃晚餐,一边吃还一边讲鼓浪屿老别墅里的故事,讲到晚上11点才尽兴。

北京解放军原总参谋部的领导带着两个秘书来厦门,市委办公室通知我去给总参领导讲鼓浪屿老别墅,那天我们四个一边走一边看一边讲,讲得他们十分感兴趣,到中午12点不吃饭还要讲,我说吃饭还是要吃的。他说吃了饭以后就要到别的地方去,我说吃了饭再说。那天大概讲了九栋鼓浪屿老别墅,他们听了很过瘾,说懂得鼓浪屿了。第二天他叫我讲农村的红砖民居。我告诉他这个民居就更复杂了。后来就选了一个新垵,我说那里的红砖民居很多,故事也很多,给他也讲了半天,他也十分感兴趣。因此讲这些建筑我交了很多朋友,交了很多高级干部,还有很多老外。

自愿当导游(龚洁供图)

1994年我开始写书。到鼓浪屿老别墅挨家挨户去访问,进行田野调查,一家一家去访问别墅是哪一年建的,是谁建的,这个人是做什么的,到哪里去做什么事情,他怎么赚钱,赚了钱为什么要到鼓浪屿来建房子。

考察时,也有碰到不让我进去的,但是百分之九十以上都欢迎我去，十分热情。在考察过程中碰到这么几件事情。一件是我在报纸上连载"鼓浪屿老别墅"故事后，有一个 80 岁的女人通过市计划委员会找到我，要我写她的老别墅。这个女人的丈夫在国外，日子很苦。她告诉了我整个故事。那天我去了以后，还没有开始说，她就哭，没有办法采访，只能让她一直哭，哭完了以后泡茶，等到她心情平复以后开始讲：19 岁就嫁给这个男的，这个男的到菲律宾做棉布生意。赚了钱以后就买了这一栋别墅送给她，开头是每个月寄钱，后来几个月寄一次，日本占领鼓浪屿后，丈夫就不寄钱了。她从 19 岁就一直等着他，等到现在 80 多岁，她没有生过小孩，她希望他回来，但她知道他在菲律宾又找了老婆。她一边说一边哭。她把她的结婚照片给我看，把他们新婚之夜的恩爱，后来怎么离别的都告诉我，我十分同情她！

第二件是关于一对姐妹，妹妹被资本家看上了，结婚以后给了她一栋别墅养着。一次姐姐来看妹妹，这个姐姐比妹妹还会服侍人，资本家把姐姐娶来当妾。同样也是一个月寄一次钱，之后一年寄一次，到最后不寄钱了。到了解放以后就失去了联系，姐妹生活过得很清苦，姐姐住在二楼，妹妹住在三楼。我想见她们两个，但是被她们拒绝了，后来通过关系说通了，说只能看，不能照相。我看了以后，明白为什么不让我照相了。房间里边很杂乱，你看她人出来穿得很整齐，可家里却很杂乱，想跟她们了解更多情况，她们不肯说。这对姐妹去年去世了。

鼓浪屿有一千两百多栋别墅，别墅里有不少原来是穷苦人，出洋拼搏奋斗，艰苦创业，成为拥有巨额财富的精英；也有豪门恩怨，男女情仇，太太小姐，丫鬟老妈，说不清诉不尽的社会阶层。所以说鼓浪屿是一部写不完的书！

在我采访中，还碰到这么一件事，令我至今唏嘘不已。我采访到一位老年妇女已经 92 岁了，104 岁去世。她告诉我有一位高级干部的妈妈在 1941 年饿死在鼓浪屿。这位高干的父亲在菲律宾做生意,把老婆安顿在鼓浪屿,有一个房子。这位高干后来参加革命去了,他也管不了,他的妈妈也没人管了。日本 1941 年发动太平洋战争以后,占领了鼓浪屿,好多人没有饭吃,这位高干的妈妈悲惨的饿死在鼓浪屿,尸骨至今没有找到!

1995 年、1996 年两年,我采访了鼓浪屿有名的、在主要路上的别墅以后,记录非常多的资料,当时我就想办法要把它写出来,最先给了《厦门商报》。报社限我每篇一千字,一个礼拜一篇,我说行。结果这个编辑,前四篇,一千字没有动,到了第五篇、第六篇、第七篇就擅自删改,说版面不够,一千字变成八百字,变成六百字,最后变成五百字,根本看不出别墅的面貌,所以到第八篇的时候,我说截止,不再提供了。

我就拿了这一套稿子到了厦门晚报社找总编,我告诉他原来发表的地方总是改稿子,我不同意,我现在到这里来发表。他说可以,一个礼拜一篇。我给他提要求,清样打出来以后,我校对后签字,总编答应了,所以我每个礼拜四去报社校对签字,这样连续发了两年。

当时厦门都在收看《渴望》这部电视剧,《渴望》每天下午七点钟就开始,不少人边看晚报上的《鼓浪屿老别墅》,边看《渴望》。

当时的城建局局长说我在晚报上发的东西有用,说这个里边有人文、有历史、有建筑艺术、有西方文化。还没有人将这么多融合在一两千字的文章里面。到现在为止,厦门没有第二人。他说我做了一件好事,他说现在很多人还不懂得鼓浪屿别墅的价值。他问我怎么会想到这个。我告诉他,日本筑波大学教授到鼓浪屿调查老别墅,我跟着他看,反过来我跟他学,得到很多新东西。我做这个田野调查,一栋房子一栋房子调查,非常精彩。

当年我不太会拍照,是找人拍的,可洗出来以后不满意,因为我理解的跟他们理解的不一样。拍一栋老别墅，起码要三个要素，第一完整，别墅整栋的模样，第二就是局部，第三个是特写。没有这三个不能说明老别墅，所以后来我自己下决心学。这个城建局局长说要出版。我说没有钱，他说他来解决。他就去找了一个马来西亚的房地产商，那个老板非常的慷慨，问要多少。我就问出版社要多少钱，出版社说要十万块。这个老板同意，就出了第一本一万册。结果这个书一上市，不到一个月就卖光了。舒婷看到这本书以后，就在她的《老别墅的前世今生》里边，写了一段话，说到现在为止她看到的关于鼓浪屿的书中，这一本是百看不厌的好书。

我出了这本书以后，湖北美术出版社的策划和主编袁飞也要出我的书，我说已经有了，他说另外再出，叫我跟他到鼓浪屿去走一遍。他让我写六万字，加上照片。照片归照片，文字归文字，要用电子稿。我不会用电脑，就请人帮助，我现在还手写。那套书叫"老别墅丛书"，鼓浪屿的叫《到鼓浪屿看老别墅》，出版以后十分畅销，2002年连续好几个月销量名列前三名。16年过去了，去年还是厦门畅销书第二名。

写老别墅的时候，涉及很多技术问题。例如说老别墅的结构是什么，窗户为什么是弯的不是直的，为什么柱子是圆的，有的是有一条一条的，为什么柱子的头上是那样，这些都不懂。我就拿着照片到建筑工地去请教。监理是大学生，是同济大学毕业的。同济大学的建筑系在全国有名。我问他是不是建筑系的，他说是，那我就拿着照片问，他说让我问倒了，这些虽然有学但是都忘记了。我就到另外一个工地去问。监理说这个有学到，好像是维多利亚，好像是古希腊。他说不能肯定。

我弄不清楚鼓浪屿别墅的许多艺术，我就自费到欧洲去，把西欧15个国家，20多个城市里的别墅都拍下来，而后到法兰克福博物馆向专家请教，为什么柱子上面有一条一条的，有的是圆鼓鼓的？他说圆鼓鼓的代表男性有力量，有一条一条的代表女性的百褶裙。古希腊柱式，圆的那一种叫多立克式，多立克式代表男性；还有一种叫爱奥尼克式，柱头上有两个或四个发卷，就是女性的发卷，那中间的香蕉叶就是女性的上衣，下面柱子有一条一条的是女子的裙子，那个裙子是百褶裙，所以那个柱子就代表女性。古希腊这些柱式，全世界到现在还在使用。

我在法国、意大利、德国、比利时、卢森堡和葡萄牙，把洛可可、巴洛克、维多利亚风格建筑，到现场去一一琢磨清楚，拍了很多照片，拿照片回来跟鼓浪屿老别墅去比对，一对比就清楚了。鼓浪屿上还有工匠、设计人员把中国传统与欧式风格结合，既有中国元素又有欧洲元素，十分漂亮。

闽南大厝考察（龚洁供图）

鼓浪屿的每一栋老别墅都讲风水。我当时不懂风水，我就去买罗盘，买书，自己学习。同安有个风水先生，75岁，他可以算祖宗八代。我去找他，那天刚好有人去请他算卦，算了以后他就写了一张红纸，上边写着要怎么样做，哪一天有劫，哪一天是吉利的，谁可以在场，谁不可以在场，什么属相相克，写得清清楚楚。我说老先生，你在弄罗盘的时候，我去看好不好。他关门拒绝我看，他说给我看了以后，我学会了他就没有饭吃了。我就拿了他写的那张纸，买了罗盘自己看，我整整花了两年时间，把他那张纸破解，我现在基本懂了，算命怎么算，看哪个风水好哪个风水坏。

鼓浪屿老别墅跟农村的红砖房子在建筑理念上是一脉相承的，虽然说这个老别墅看上去不讲风水，实际上到处都是风水。譬如说，老别墅的门前面一定是很宽广的，有个花园，不会在前面被东西挡住。这种欧洲的建筑理念跟我们农村的或古代的传统建筑是一样的。所以我就到农村去，也是做田野调查，一栋一栋房子拜访，学到很多东西。厦门许多单位、大学、党校都叫我去讲鼓浪屿老别墅。一年大致讲四十场左右，最忙的时候一天两场，上午一场下午一场。

义务当讲解员（龚洁供图）

台湾有个做出口工艺品的总经理许女士，她非常喜欢鼓浪屿老别墅和红砖厝，当时我在晚报上连载，她就剪下来，贴成一本一本。她想请我到鼓浪屿给她讲老别墅。我就带着她们五个人到鼓浪屿现场讲,这一讲一发不可收,她一有空就打电话让我给她讲。有时候到红砖民居讲,我说里面的风水很有意思,我带着她去看,她觉得很稀奇,很感兴趣。讲的一个是海沧的莲塘别墅,一个在新垵的惠佐,那里的红砖民居很漂亮,讲完以后她说不回去,要住这个房子,想体验一下这样的红砖民居里的生活。但是很遗憾主人没有答应,没有住成。

郭志超

闽南王爷信仰之我见

简介：郭志超，1949—2019 年，厦门大学人类学教授，历史学、人类学博士生导师。历任厦门大学人类学系副主任、人类学研究所所长。兼任福建省民俗学会副会长、教育部民族学学科重点基地评审专家。主要研究方向是东南民族史和人类学研究。主要代表作有《畲族研究丛书》《文化理论与族群研究》等，发表学术论文200 多篇。

民间信仰的特点就是杂芜，我虽然感兴趣，但常有所知是东鳞西爪的感觉。在王爷信仰的探讨方面，初步把握其系统。我就专门谈谈有关探讨。

我对王爷信仰的兴趣是石奕龙引起的。1990 年石奕龙在同安吕厝调查王爷祭祀仪式，此后，我参加他在同安组织的一个小型研讨会。

王爷信仰与五帝或五瘟信仰类似。既然五瘟早于王爷，那么王爷信仰可能是从五瘟演变而来。如果成立的话，也可以说，王爷信仰是中国瘟神信仰在闽台产生的地方性变异。

一、王爷信仰与瘟神信仰的关系

我基本的看法是清初民间以瘟神为形式阴祀郑成功是这一变异的始因。"代天巡狩"的"王爷",在继续的信仰演变中,尽管仍然罩着瘟神原生形态的阴影,但已从放瘟收瘟的凶神变为逐瘟驱邪的善神。从闽传台,是五帝瘟神的传播路线;由台南传闽南,又从闽南返传台湾,是五帝瘟神变异为王爷后的传播路线。

这是为何呢? 最早提出"代天巡狩"的王爷即郑成功的看法的是连横。他在《台湾通史》都有翔实指证。

不同意王爷崇拜是缘于对郑成功的纪念和崇拜以及将这种纪念和崇拜嫁接入瘟神信仰习俗这一观点的学者认为:作为瘟神崇拜的王爷信仰,在郑成功逝世以前就已经存在,这一点,有些王爷庙的庙志和台湾方志可作证明。所谓"作为瘟神崇拜的王爷信仰,在郑成功逝世以前就已经存在"的浮云证据,竟是《诸罗县志》的荷兰人炮击王船的传说。比《诸罗县志》晚修三年,即修于康熙五十九年(1720)的《台湾县志》,在卷一《舆地志·风俗》就讥此传说"是亦不经之谈也"。

这里,我们得阐述下五瘟信仰与王爷之间的渊源。瘟神起源于疫鬼。东汉王充《论衡》卷二十五《解除篇》说过。晋代干宝《搜神记》卷十六的"疫鬼"条亦云。由此可见,汉代以前,民间迷信疫鬼的存在,并有驱逐疫鬼的仪式。当时驱逐有二法,或讨好安抚,或镇压禳解。

道教所信奉的瘟神,传云始于隋唐。元代成书、明代略有增纂的《三教搜神大全》为五瘟神作传,称:

昔隋文帝开皇十一年六月,内有五力士,现于凌空三五丈，于身披五色袍，各执一物。一人执杓子并罐子，一人执皮袋并剑，一人执扇，一人执锤，一人执火壶。帝问太史居仁曰："此何神？主何灾福也？"张居仁奏曰："此是五方力士，在天上为五鬼，在地为五瘟，名曰五瘟神。"

演化到后来，五瘟成为道教瘟神。

郭志超在讲座上发言（郭航提供）

二、瘟神与王爷祭祀仪式的比较

明清时期及此前，福州流行五帝瘟神信仰。明代闽南的瘟神信仰与福州同。清代康熙年间，厦门、泉州、漳州出现王爷信仰。以福州为代表的瘟神信仰与闽南（漳泉厦）王爷信仰的差别，最突出的外在表现是：王爷的名号是"代天巡狩"；五帝（五瘟）仅有五姓，而王爷则有众多姓氏。至于送瘟之船，王爷出现后多有真船取代纸船的现象，这似乎无足轻重，但这却是王爷信仰的发生地（以台湾府城为中心的台南)的"王醮"(送王船)的习俗,是追寻王爷信仰轨迹的历史印记,这将在谈论台湾"代天巡狩"王爷崇拜及其传播闽南时陈述。

1.仪式

"迎神送神"是瘟神祭拜最突出的仪式,说明五帝瘟神信仰根深蒂固。乾隆《福州府志》卷二十四《风俗》云:

> 五月五日为神生日,前后月余,酬愿演剧,各庙无虚日。即无疾之人,亦皆奔走呼吁,惟恐怨恫获罪谴。或疫气流染,则社民争出金钱,延巫祈祷,谓之禳灾。

综上所述可知,疠疫乃神所降,俗称大帝的五位即"五帝","其貌狰狞可畏",令人"屏息不敢谛视"。

2.瘟船形制

迎送瘟神之船系纸质,送王毕,焚船于水边。《乌石山志》卷三《寺观》云:

> 值五六月间,导神出游,曰"请相",纸糊替身,怀于各种鬼祟带之间,再游为游村,末则驱疫,曰"出海"。剪采为舟,备食息起居诸物,并神鬼所请之相纳于舟中,鼓噪而焚于水次,以祭祀毛血贮木桶中,数人负之而趋,谓之"福桶"。行者避之。

以上提到"福桶",即以"祭祀毛血贮木桶中",实为巫术,即将与祭祀瘟神有关的污秽之物作为不吉象征加以扫除。甚至整个瘟神祭仪实则为模拟巫术,瘟神乘船离开象征着疠疫被驱逐。

3.瘟神姓氏

瘟神称五帝,各有姓。瘟神姓氏多以"张、关、刘、史、赵"为主。

1949 年之后，五瘟祭祀仪式不再举行。1980 年代起，福州、福清、莆田、仙游以及惠安又有祭祀五帝瘟神活动。

郭志超在学术会议上（郭航提供）

与上述五瘟祭祀的项目对应，我们来看看闽南的王爷信仰。

1.仪式

《泉州府志》载：

> 是月（五月）无定日，里社禳灾，先日诞道设醮，至其以纸为大舟及五方瘟神，凡百器用皆备，陈鼓乐仪仗百戏，送水次焚之。近竟有以木舟真器，用以浮于海者。

泉州名士吴增说：

> 有病药不尝，用钱去贡王。生鸡鸭，生猪羊，请神姐，请跳童，目莲傀儡演七场，资财破了病人亡。此时跳童又跳起，说是王爷怒未已，托神姐，再求情，派刀梯，派火城，五牲十六盘，

纸船送王行。送王流水去,锣鼓声动天,吓得乡人惊半死,恐被王爷带上船。

道光《厦门志》载:

> 有所谓王醮者,穷其奢华,震钧炫耀,游山游海,举国若狂。扮演凡百鬼怪,驰骜攒刀,剽疾争先,易生事也。禁口插背,过刀桥,上刀梯,掷剌球,易伤人也。赁女妓饰稚童,肖古图画,曰台阁,坏风俗也。造木舟,用真器,浮海任其所之,或火化,暴天物也。

2.王船形制

清代,福建送瘟出海所用的船,一般皆用纸船。厦门则用真船,泉州于乾隆年间开始出现真船。福州、漳州等地"扎竹""糊纸"。厦门"王醮"用真船,或"浮海"或"火化",后变为全火化。漳州的王船历来皆用"竹纸为之",多焚毁(同福州"鼓噪而焚于水次"),至今依然。

3.王爷姓氏

闽南王爷姓氏繁多,甚至有名。奉祀的王爷有:赵、康、温、马、萧、朱、邢。明清时期,泉州王爷皆有姓,有李、池、吴、范、姚、金、吉、玉、周、岳、魏、雷等百余姓。

王爷称"代天巡狩"。闽南乡间王爷庙的门楣石多刻"代天巡狩"。三尊王爷的称"三王府",四尊王爷的称"四王府",五尊王爷的"五王府"。其中,以"三王府"最流行。

泉州南门富美宫是最负盛名的王爷庙,主祀的王爷乃萧望之,配祀王爷数十尊,香火长盛不衰。关于王爷的来历,史无明文,或传为秦始皇焚书坑儒时蒙难的儒生,或云是唐明皇时冤死的360

名进士，或说是明末不愿仕清、自尽而死的 360 名进士，他们被玉帝敕封为王，"代天巡狩"。其中，以唐时冤死的进士之说最流行。

既然王爷的形式仍是瘟神，那么在祭拜形式上，王爷与瘟神不会有明显的差别。然而，"代天巡狩"的神职取向，使得王爷的神职所司逐步实现着从放瘟、收瘟的恶神向逐瘟驱邪的善神的转化，因而在信仰表象上也会出现一些差异。

三、以瘟神为形式阴祀郑成功

王爷信仰产生是以行瘟神信仰形式而阴祀郑成功为契机而产生的瘟神信仰的地方性变异。康熙《台湾府志》是关于"代天巡狩"王爷的最早记载。

清初台湾就有五帝瘟神崇拜，这是台湾王爷祭祀的原生形态。也就是说，王爷信仰是五帝瘟神信仰的变异。在这一变异之后，王爷和五瘟的"王船备物建醮"的迎送祭仪是一样的。而后王爷逐步遮蔽了五瘟。在这一背景下，五瘟神也被王爷所同化。每年六月白龙庵的"王醮"，迎送的就是"五瘟王爷"。五瘟信仰与王爷信仰，是一个此消彼长的过程。这一消长的开端，就是"代天巡狩之神"隐藏于五瘟神的崇拜里。

台湾奉祀独尊的诸多瘟神庙中，供奉池王爷的王爷庙最多。原台湾府治的台南东安坊的二王庙，供奉的应是郑成功、郑经。台湾学者蔡相辉指出："姓郑，有王爵而功在台湾者，除郑成功父子二人外，无人能符合这一条件，故二王庙所奉二王为郑成功、郑经二人。"他又指出：台湾不少地方奉祀三府王爷，如台南归仁乡大人庙奉祀朱、池、李，"此三位王爷即为郑成功、郑经、郑克塽三人。池王爷可知为郑成功之化身……根据神像判断，朱王爷应为郑经，李王爷应为郑克塽"。他还指出：池字应为郑之假借，因闽南泉州府腔调,郑与池两字音同而韵异,而将池王爷三字连念,其音韵几与郑王爷三字连念无法辨异。闽粤常见的神明中,并无此代天巡狩之神存在。清代以前,代天巡狩仅是代表皇帝执行职能的一种观念,只有奉明朔于台湾的郑氏父子才有资格代行天子视事。郑成功为"池府王爷"的"隐称"。

《重修台湾县志》对王爷庙的广泛分布有所记录,如:

> 邑治东安坊有开山王庙,长兴里有王公庙。各坊里有社庙,以王公、大人称者甚多。镇北坊有普济殿、三老爷宫。庙宇大小不一,盖称曰"代天府"。神像雄而毅,或黝,或赭,或白而皙。诘其姓名,莫有知者。设王醮二三昼夜,谓之"送瘟"。造木为船,糊纸像三,仪仗俨如王者。盛设优觞,跪进酒食,名为"请王"。凡百器用、兵械、财宝,以纸或绸为之,无一不具。推船入水,顺流扬帆而去,则已。或回泊岸侧,其乡必更设醮造船以禳。每费累数百金,少亦不下百金。虽穷乡僻壤,罔敢吝惜,以为祸福立至。(参见该志卷六《祠宇志》)

这些记载说明海峡两岸在文化习俗方面的同源同根。

四、瘟神信仰和王爷信仰的传播路线

台南的"代天巡狩"王爷庙早于闽南的"代天巡狩"王爷庙。并且,直到清代乾隆年间,泉州祭祀的"王醮"仍是"五方瘟神",而康熙晚期台南祭祀的"王醮"除了"五方瘟神"外,已经出现"设瘟王三座"而不是"瘟王五座"的蜕变现象。也就说,台湾王爷信仰比泉州更早与瘟神信仰分开而"自立门户"。

王爷号为"代天巡狩",而这名号最早出现在台南。王爷信仰首先从台南传至闽南,而后随移民潮返传台南以及台湾其他地区。

台湾众多的王爷主要是从以泉州为主的闽南传播过去的。一种颇为流行的看法,即:泉州城南江畔的富美宫是闽台王爷宫的祖庙。重要的"证据"是,不仅台南的许多王爷庙,就是台南最早的王爷庙,也是富美宫的王船漂去后才创建的。

我还可以谈台湾王爷在闽南的传播和演变。

历史上,厦门也有大王庙、二王庙,时过庙毁,但大王、二王的地名至今尚存。厦门的王爷崇祀最尚"池府王爷"。同安最显赫的王爷庙"元威殿"也是主祀"池府王爷"。

施琅征战澎湖、慑降郑氏政权后,于康熙二十三年(1684)在厦门设"闽海关",大陆的闽台海运只能由厦门港出海往鹿耳门,后来再开(晋江)蚶江与鹿港对渡,已是乾隆年间。也就是说,在1684年至1784年的一百年间,厦门是大陆渡台的唯一口岸。据此,瘟神信仰开始变异为王爷信仰后,台湾王爷崇拜向大陆的传播是经由厦门进行的。这也是厦门的王爷,自清代迄今,以池府王爷最普及和显赫的原因。

就王船来说,台南首先用真船。《闽杂记》说"惟厦门人别造真船",说明厦门在大陆独领此俗,而此俗当传自台南。而直到乾隆时泉州才开始出现"木舟真器"用于送瘟。从送瘟之船的形制可见在台湾新产生王爷崇拜对厦门的影响最早且最显著。

康熙二十三年(1684)厦门设立闽海关,以厦门——安平(台南府城安平镇)为闽台对渡的唯一航线。直到乾隆四十九年(1784)才又辟泉州蚶江—鹿港对渡航线,乾隆五十七年(1792)再辟泉州蚶江、福州五虎门—八里坌(淡水河口)航线。基于闽台对渡的限制,台湾归清后,台湾王醮信仰习俗对郑氏曾一度经营的厦门的影响,必是最显著的。否则,很难理解台南"王醮"曾用木舟,这与闽中"(制船)出海……皆绫纸所糊耳。惟厦门人别造真船"这一"巧合"现象。

台湾王爷信仰在闽南的传播过程中,发生的最重要的是将奉祀郑成功隐匿于瘟神崇拜,这造成新型瘟神王爷的出现,并使王爷获得从放瘟收瘟的凶神转变为收瘟驱邪的善神的最初动力。池府王爷的传说就是这种动力积蓄到一定程度的释放。

以瘟神形式阴祀郑成功,是王爷产生的起点,这一起点规范着王爷瘟神演变的趋向。台湾以池王为主祀的宫庙有300多座,其中不少是同安元威殿的分灵。台湾池府王爷庙的庞大庙群,成为王爷继续从凶神转为善神的社会中坚。并且,以池府王爷神性善化所引领的仁义有功者的加入王爷的信仰新潮,随着闽南移民的不断入台也推进王爷在台湾早已存在的善化潜质。

池王爷舍身吞瘟药的传说,彰显王爷转化为与传统瘟神对立的神明。这是一种地方性信仰的思潮,在这一思潮中,许多有德有功的名人纷纷被奉为王爷。这些观念和行为的变化,标志着王爷已从放瘟收瘟之神,变异为防瘟驱瘟之神,也就是从恶神转变为善神。"王爷信仰是中国瘟神信仰在闽台产生的地方性变异。"

需要在此附述的是,在明清狮群的福州瘟神信仰中,瘟神的功能已经从明清以前纯粹的放瘟,变为兼有收瘟,但完全去除放瘟而只有驱瘟,则在清初闽南瘟神蜕变为王爷后才彻底实现。

瘟神在闽台的变异形式——王爷信仰,继承了原有的瘟神崇拜的仪式,别异之处在于,王爷号"代天巡狩"。在闽南"代天巡狩"是王爷的特质称号,甚至可以说,如果没有"代天巡狩"的冠名,就不是王爷。"代天巡狩"王爷最早出现于台南府城,这是最关键的文献证据。在"代天巡狩"王爷产生后,王爷与五瘟的王船迎送祭仪是一样的。而后,王爷的王船迎送祭仪完全遮蔽了五瘟。王爷虽与放瘟、收瘟的瘟神若即若离,但实质是收瘟逐瘟,也就是实现了瘟神从凶神向善神质的转变。当然,这一转化非一蹴而就。

带学生做田野调查（郭航提供）

闽台王爷信仰的缘起和演变映照着两岸关系的史影，展示闽台民间文化不仅有东向为主的传播，还有西向的传播，并且这种双向传播还周而复始。瘟神东传后，瘟神与"代天巡狩"王爷结合后的西传，以及再返传台湾，正是闽台王爷产生和广泛传布的路线，如果仅截取某时段，就会以偏概全，这正是长期以来学者群对王爷缘起产生困惑和分歧之所在，也是即使提出正确观点但缺乏说服对方能力之所在。

五、学术对话和研究概述

以下，我将讨论我的研究与其他学者的不同。先从石奕龙老师开始吧。他对王爷的研究，是相当深入的。多年来，有关王爷，尤其是细节问题，我差不多是唯他是问。同安吕厝的华藏庵是他研究王爷的典型宫庙。王爷有两种类型，一是常年供奉于宫庙，一是某群王爷以若干年为期进行轮值,以供奉香炉作为王爷驻在宫庙的标志。石奕龙侧重研究轮值王爷。

《同安吕厝村的王爷信仰》是石奕龙 1993 年赴台参加庄英章和武雅士策划的学术研讨会的论文,收入《台湾与福建社会文化研究论文集》(1994 年)。

郭志超编著的部分学术专著(郭航提供)

石奕龙认为:沿海沿江地带,多有迎王送王仪式。这些地带常有一些尸骨漂来漂去,而这些地带的人们也常掩埋这类尸骨,并建庙祭祀。这就形成迎王送王的仪式,以象征他们的到来和离去,并因此形成巡狩王爷。总之,"王爷的真正来历是由水边的阴魂转化而来","并与瘟神信仰的心态重合,从而形成王爷即瘟神或凶神的观念"。

如果根据上引文的资料,"清醮文榜"的"五方瘟疫使",以及"五府王爷",实际上构成瘟神到王爷演变的次序,而轮值王爷只是常驻王爷的旁支形态。这可能比"水边阴魂"与"瘟神"的王爷形成说要更合理一些。

关于学术界对王爷的研究,我也有几个观点要表达。刘枝万《台湾民间信仰论集》(台北联经出版社,1983 年)认为:王爷信仰即瘟神信仰,形成于明代以前。蔡相辉《台湾的王爷与妈祖》(台北台原出版社，1989年)认为：王爷信仰是在郑成功逝世后，台湾民众供其为神，但在清朝的政治压力下，将郑成功崇拜隐藏于王爷崇拜中。美籍学者康豹《屏东县东港镇的迎王祭典：台湾瘟神与王爷信仰之分析》(台北"中央研究院"民族学研究所集刊第70期)认为：王爷信仰可追溯至宋代。王爷也不全是瘟神，而是一种厉鬼，但有放瘟能力。

王爷信仰是从大陆瘟神信仰传来的，但清代的王爷已从瘟神蜕变而出，成为与瘟神对立的善神。以此而观，刘枝万的瘟神来源说是正确的，但忽略了王爷驱瘟驱邪而与瘟神有别。蔡相辉承袭连横的观点，但对王爷信仰的瘟神源流缺乏重视，好像王爷信仰突然发生。康豹对于瘟神的渊源追溯是对的，但到了清以后，王爷性质大变，正如石奕龙在《同安吕厝村的王爷信仰》指出："王爷已属于神灵之类，而不应该再属于鬼类。"

宋怡明《明清五帝信仰资料汇编》(香港科技大学华南研究中心2006年出版)对于王爷信仰的源流——福州五帝信仰的历史变迁有详细的资料展示。

道教最早讲瘟疫的经文是魏晋时期的《女青鬼律》，依照经文的含义，瘟疫流行是人们违反大自然的道德原则，魔鬼便来处罚他们。《女青鬼律》中有一群魔鬼叫"五鬼主"，它们的姓名是：张元伯、刘元达、赵公明、钟士季和史文业。到了唐代，在《太上洞渊辞瘟神妙经》中，五鬼主变成五帝使者，传播瘟疫是对人们的处罚。为了补偿过失，人们就要给五帝使者举行仪式。五帝使者也简化为五帝，宋代《道法会元》中的《神霄断温大法》记载的五帝姓名与最早的《女青鬼律》所列五鬼主的姓名一致。宋、元、明、清时期，华南多有五帝信仰，农历五月初五是该神的节日。

清代乾隆晚期，福州出现了五帝是五位士人为了阻止瘟神放瘟而牺牲的传说，这类传说，更早就出现于闽南。到了晚清，五帝也有了代天巡狩的称号。举这两例是为了说明尽管闽南的瘟神信仰传自福州,但也有反传福州的现象。

一些学者指出,瘟神称帝的夸张现象在于自我保护,因为历代多有禁毁淫祠邪神,瘟神称帝是为了披上正神的外衣。清代瘟神为了避免打击,还出现躲到关帝庙的现象。

六、王爷研究的新动态

王爷信仰及其研究,出现融入文化保护的社会实践的新潮流,甚至还有跨国现象。

送王船是闽南人表达对海洋的敬畏和感恩而举行的一种祭祀活动,拥有 600 多年的历史,于 2011 年进入中国国家级非遗项目名录。送王船并不仅存在于闽南地区,在许多东南亚国家也代代传承。在马来西亚,送王船已经演变成一个多民族参与的传统文化活动,于 2013 年进入马来西亚国家级非遗项目名录。送王船已经成为一项跨民族、跨文化的非物质遗产,属于中国和马来西亚两国人民共同的文化遗产。2017 年 3 月 13 日,来自马来西亚马六甲、槟城等地的 15 家宫庙,与来自厦门岛内、岛外 5 个区的 13 个社区及宫庙的代表,齐聚厦门市文化艺术中心文化馆,签署并发布了《推动中国、马来西亚送王船联合申报人类非物质文化遗产代表作倡议书》,正式投入申报准备工作。

另外,海上丝绸之路与王爷信仰的关系出现细致深入的田野调查。

晚清同安洪氏 18 位移民开拓荷属殖民地峇眼亚比渔港的史实,长期湮没,仅新编《同安县志·大事记》简单提及,但有多处错误。箫春雷通过峇眼亚比的纪府王爷信仰习俗,找到这批洪氏移民的原乡下后滨村,通过采访知情的洪氏族人,结合文献记载,大体还原了洪氏移民下南洋的路线和开拓峇眼亚比的基本情况。

但是同治年间(1862—1874)的厚平村,洪氏家族的一群年轻人,却选择了传统移民方式:驾驶渔船,前往南洋群岛寻找生活空间。这些人,都是洪氏"思""尔""志""允""文"字辈的后生,共二三十人,分乘4艘单桅木帆渔船。出海之前,大家先去村里的海泽宫,在纪府王爷金身前祭拜一番,然后请一尊纪王爷的分身供在船上,保佑海上平安。

这支离开故乡的船队,没有具体航行目标,在南海上漫无目的地向南漂流。大海茫茫,他们唯一的依靠就是船上的纪府王爷。据说,纪王爷显灵,每晚都会在夜空中出现一盏神灯,引导船队前行。他们先到了菲律宾群岛,沿海岸线南下。他们的唯一技能是捕鱼,经常在某个海湾抛锚,住上一阵,用渔获物与当地土著交换食物和水,同时也打听附近渔场的情况。显然,在无意之中,他们穿越了马六甲海峡,进入印度洋,并沿马来半岛北上。在暹罗(泰国)通扣埠(即普吉岛)附近一个名叫思思的地方,神明示意他们停泊。这些年轻人,以为这就是神明许诺的新家了。他们在海边建造房屋、捕鱼、种植,还有人与热情似火的土著女子调情、结婚。他们没有想到,当地居民对他们"抢走"了女人十分恼火,计划发动一次袭击。洪思银的岳父不忍女婿遇难,偷偷通知了他们。移民们连夜收拾渔具,登船乘潮离开,夜黑如墨,狂风大作,船只在港道中险遭倾覆,大家唯有再次虔诚祈求神灵保护。突然之间,前方隐约又出现一盏灯光引路。天亮后,众人才发现两艘船十余人走失,下落不明。剩下的两艘船18人凄凄惶惶,随波逐流,沿着海岸线南下。

十多天后,他们航行到马来西亚槟榔屿的大山脚下,暂时泊船休息。他们已经灰心丧气,漂泊数年,依然没有找到一处适合安居的渔港。听说前方不远就有厦门高崎人捕鱼为业,大家商定,到时候散伙,想捕鱼的继续捕鱼,想经商的就去经商,各谋出路。

奇迹总是在夜晚出现。一天晚上,他们突然发现海峡东边的对面,天空通红,甚是奇异。询问当地人,回答说那里是峇眼,每当月暗之夜,就会透露红光——所谓峇眼,当地话的意思是渔场,亚比的意思是火。洪文凭带了几个人摇着小船,随当地人前往查看,登陆后发现此处人烟稀少,但有甘洌可口的泉水,第二天在海湾下网,出乎意外,鱼虾极其丰饶。

听到洪文凭的汇报,大家都很高兴,决议前往峇眼。但最后还要请问神意,在纪王爷神像前"驳杯",神的答复是赞成。于是,劫后余生的两艘大船横渡海峡,于公元 1878 年 2 月 12 日抵达峇眼亚比。日后,这一天成为峇眼亚比开埠的纪念日。

那时,南洋群岛还没有马来西亚、印尼等现代国家,各地分属不同的部落,但统归荷兰人管辖,被称为"荷属殖民地"。洪氏移民在峇眼亚比定居下来,建造村镇,安置神像,捕鱼贩卖,小镇很快红火起来,吸引了不少华侨加入,两年间就发展到一两百人的规模。当地部落苏丹、荷兰官员闻风而至,设官收税,提供保护。

峇眼亚比的渔业从无到有,迅速崛起,20 世纪初,峇眼亚比已经发展成为世界最大的渔场之一,与挪威的卑尔根、荷兰的艾默伊登齐名。

洪氏移民船队找到定居点后,向家乡报信,并召集更多的人手。此后,下后滨的渔民源源不断涌向峇眼亚比。

"我父亲是 1910 年去的,在那边打鱼。他说那边的渔场,鱼真是多。他的腿打鱼时受伤了,1927 年就回来了。"78 岁的洪允举老人说,"我们村出去苏门答腊最多的时候,就是 1910 年前后,大约一两千人。我们村现在也不过 2000 人啊。几乎是整个村子都去了。因为洪姓多,当地人都说'洪峇眼'。少数老人会回来,多数就留在当地了"。

　　洪文芽曾任下后滨村书记，为了村里修建祖厝和学校的事，他1995年就下过南洋，找宗亲募捐。他说："我们村在峇眼亚比就有2万多人，现在少了点，有2000多人迁到了雅加达。马来西亚的咸水港也有一些。还有赤礁吧，也是印尼的一个小岛，我没去过。这些宗亲很热心，我们村的乐群小学主要就是他们捐建的。峇眼亚比原来华人占85％以上，说的就是我们下后滨话。现在华人少了，挣到钱的就往大城市跑。"

　　洪氏移民开拓峇眼亚比，筚路蓝缕，把一个荒凉之处变成举世闻名的渔港，但他们本身收获甚微。洪允举老人说："我们村出去的都是渔民，刚好养活自己，没挣到大钱。其他地方出去的华侨做生意，就挣到了大钱，回来建别墅，捐学校。我们村华侨这么多，但他们只建起了两栋皇宫起大厝，一栋是我哥哥建的。当年，我父亲受伤从印尼回来时，我大哥只有16岁，他说现在换我来养家了。他不去印尼打鱼，买了张船票去越南西贡，从卖空酒瓶开始，挑货郎担，最后开了当铺。他要是去峇眼亚比，也建不起这栋大厝。"

　　这也难怪，下后滨移民海外数万人，没有一人大富大贵，荣归故里。他们只是讨生活的普通渔民。

　　从1878年开始，在峇眼亚比，洪氏移民就按照故乡的风俗，于每年五月十六日（不知为什么迟一日）举行纪王爷的庆典——耗费巨资建造一艘木船，请纪王爷的分身上船，然后抬着王船巡游，次日夜间付之一炬。2007年第129届庆典时，"纪王爷千秋"活动被印尼廖内省政府宣布为"本省最重要民俗文化节"，并推介到首都雅加达，轰动一时。

何丙仲

学无止境　孜孜以求

简介：何丙仲，复旦大学历史系文物博物馆专业毕业，曾任厦门市博物馆、厦门市郑成功纪念馆副馆长，文博研究员，闽南文化研究会副会长，厦门市民间文艺家协会副会长，厦门大学人文学院兼职副教授，福建省考古博物馆学会理事等。现为厦门市鼓浪屿申遗顾问，郑成功研究会副秘书长。著有《厦门碑志汇编》《鼓浪屿公共租界》《近代西人眼中的鼓浪屿》（编译）等，发表《明末清初闽南文化研究》《陈永华"憩园"闲章考释》等论文。

一、从工人到复旦学子

（一）人生低谷

1949 年，我的父亲当时是国民党军在西昌的空军负责人，空军西昌基地的站长、司令。国民党政权部队撤退台湾的时候，我父母带着和我的四个哥哥去了台湾。而我则是和我的祖父母一起留在了鼓浪屿。虽然我的父亲是个军人，但是我祖父在清朝时却是一位秀才，做事情都是规规矩矩地来，是一个典型的闽南书香门第。我就是在这样的环境下成长起来的。到了中学时期，我的学习成绩尚佳。除了必修的课程，课外我也大量地阅读了其他的书籍,古今中外的书籍都有,对我国古典文学和诗词特别有兴趣。也并不是想着以后能成为文学家,就只是单纯的喜欢阅读书,对读书的喜爱可以被称为"癖好"了。读高中时,还在厦门的报纸上发表过一篇关于《静静的顿河》的读后感。高中二年级以后慢慢地喜欢上了印度诗人泰戈尔和法国作家罗曼·罗兰的作品,泰戈尔的作品对我的影响非常大。虽然高中时期我的成绩在班上名列前茅,然而 1964 年的高考,因为家庭成分的原因,我没有被大学所录取。我祖父怕我因为这件事精神受到打击,就来劝导我说:"就算上不了大学也没关系,可以先找个工作,再安心地学习。这样的例子以前多得很。如果现在不学习,不去增长自己的学识,以后那才是真正的没有出息。"

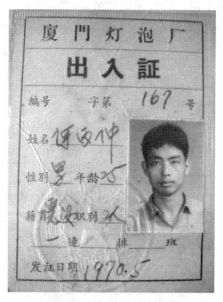

灯泡厂的出入证(何丙仲供图)

因此,时逢"文化大革命"前夕,我找到在灯泡厂烧玻璃熔炉的工作,烧制玻璃那个材料的熔点高达一千三百多度,需要煤一铲接着一铲添加进去烧,一铲子煤掺水至少也都有二十几斤,周围烟熏火燎的。但是好在我学过通臂拳,身体棒,还可以应付这样沉重的工作,也因此没有人敢欺负我,在工厂还能应付裕如、安平守道。干铲煤这个工作有个好处,就是在工作期间有时间可以休息,旁边也没有什么人注意看管,正是我读书的好机会。当时我正在想学英文,但"文革"期间,外面没有卖英文的书,我就把《北京周报》当作我的英文读物。《北京周报》是当时政府对外宣传的英语周刊。这个刊物一个礼拜出版出一期份,在邮政局就可以买到,很便宜。而且这个刊物最大的好处就是里面有大量宣传当年大好形势的配图照片,能公开的拿出来阅读,其他人又看不懂,以为又有毛主席的图片,我说在学拼音红卫兵也不会怀疑。遇到不懂的生词我就查字典,同时背单词、短语、词组和名句,没有人能教我,我就拿着英文字典一个单词一个单词对照着来学习,就这样打下了学习英语的基础。

(二)转益多师

当时,我一边工作养家糊口,一边坚持读书学习,我常把它比喻作两栖的生活。"文革"时期可读的学术刊物少之又少,但有关文物、考古的刊物例外,所以那个时候我只能阅读这方面的读物和我祖父遗留给我的一点线装书,如《古文观止》《诗经》以及唐宋诗词。所幸我读中学时,就得到时任厦门图书馆馆长李禧先生的教益(因为他是我祖父的好朋友),并且时常到市图书馆看书,开始对传统文化和地方历史文化产生兴趣。继而向罗丹、张晓寒等书画名家正式拜师学艺,"文革"前后还游于邵循岱、李拓之和李芳远等教授、硕儒的门下,成为他们的忘年交。邵循岱先生是我高中时期的忘年师友。我因他翻译过许多文学作品而崇拜他。1964年,他送我他的译著《成吉思汗》,书中"青春诚可贵,哪怕脖子上戴着木

枷，前途依然闪耀着光芒"的那句话，鼓起了我在逆境中努力奋斗
的决心。

整个"文革"期间我都在工厂干活，做逍遥派，因此有许多时间
用在读书、学艺和交游方面，因为无功利心，也就无压力感，所以无
意中却为日后的工作和学习打下坚实的基础。在这期间，我用端
正的小楷抄录了许多诗文。李禧先生的《紫燕金鱼室笔记》就是我
从其剪报本一个字一个字抄下来的。当时我把那三大本四百多则
的剪报偷偷藏在工厂的工具箱，有空就拿回家抄，足足抄了半年
多。去年厦门社科联整理出版这本近代厦门文献，用的就是我的
这个抄本。我还遵照我祖父的交代，常常拜访钟文献老先生。他
是前清的秀才，指导我宣读《古文辞类纂》的名篇，并且扶杖带我遍
游狮山与万石山，详细地介绍那里的古迹名胜，为我日后研究地方
历史文化夯下基础。李拓之先生原是厦大中文系的教授，后来成
了"右派"蜗居在家，却成了我古诗词的义务导师。李芳远先生精
通文史，是弘一大师的早年弟子。因而通过李先生的言谈，我间接
受到弘一法师品性方面的影响。

整个"文革"期间，由于得到了这些师友的帮助和熏陶，我能够
在从事重体力劳动之余，培养自觉读书和学习的好习惯。

除此之外，我还抄录了大量的诗词文章。我抄录下来后，用当
时的宣传海报包好放在我的工具箱里面，一有空就抄，抄录了共有
四百刊。现在是我们社科联的藏书里面的一部。因为读书对我来
说算是一种"癖好"，所以那些书籍我都保存得非常好。不包括生
涯途中捐出去的，我现在还保留有不下一万册书刊。当时的学习
环境很差，不过幸好有很多朋友在帮助我，才让我后来有了更好的
学习环境。

那是在1978年，北大招收古典文学研究生，李拓之先生很赏
识我在那种环境依旧坚持学习的态度，就向北京大学的王瑶教授

推荐我。王瑶教授也很看重我，说很期待我来到北京跟他学习。

但是如果我去北大学习了，所有的担子就只能让我爱人一个人承担。考虑之后，只能作罢。现在回想起来，如果我当时能去北京大学学习，那我现在将会是一名教授，可能出了许多的书，可能被人称为王瑶的大弟子。但是我不后悔，因为我这辈子给闽南地区文化做了许多贡献，我很自豪。

1980年郑成功纪念馆准备做郑成功收复台湾320周年的活动，但是当时厦门没有人能做相关的工作，李芳远先生向纪念馆的张佳先生推荐了我。到了郑成功纪念馆后，张先生就让当时还是工人编制的我去熟悉郑成功的相关研究、系统深入地研究有关郑成功的四部文献。工作岗位调动到郑成功纪念馆，我也因此能够光明正大地读书了，生活慢慢地在他们的帮助下好了起来。我这一生的成就都得益于这些恩人的帮助。

（三）时来运转

那是在1978年，全国又恢复了高考。不久后，得知北京大学中文系招收古典文学研究生的消息，导师是王瑶教授。我有着投考他的研究生的机会，但当时所在的工厂要求我先退职再报考。因为考虑到家庭经济的因素，我只好放弃。事后看到这份考题中，有不少都是我平时熟读过的，以至于以后每到北大，看到了未名湖和博雅塔，都要伤心落泪。

1980年，厦门郑成功纪念馆重新开馆，并在为郑成功收复台湾320周年的活动做准备。由于"文革"刚刚结束，馆里专业人员严重缺乏。

正好在这个时候，李芳远先生向纪念馆主持业务工作的张宗洽副馆长推荐了我。经过考核，馆方先是借调，半年多以后就把我的工作关系调到文化部门。张宗洽先生规定并指导我精读《先王实录》等四部有关郑成功的重要文献，同时把我当成专业干部使用，到闽南地区搜集文物，使我的专业知识得到大幅度提高。郑成功复台320周年，在张先生指导下，我整理注释的《风流千载忆延平》终于正式出版，这是我的第一本书，在书的扉页上我端端正正地题下"发轫之始"四个字，以表示我今生从事史学研究的决心。张先生于我有知遇之恩，我甚至连下笔的文风都是向他学的。

（四）高考末班车

郑成功复台320纪念活动还有一项重要内容，即响应省委书记项南同志的指示，在鼓浪屿为这位民族英雄竖立石雕像。当时这项工作落实到郑成功纪念馆，我参加了筹建工作，并协助时任市文管会主任张继春同志完成雕像的选址，使纪念活动的雕像奠基仪式顺利举行。

雕像的地址叫覆鼎岩，原来是解放军的高炮阵地，旁边还有解放厦门的烈士陵墓。因为得到驻军的支持，这个地址很快就腾出来。接着马上成立由中央美院时宜副教授为主的雕像创作组和何文基馆长组成的办公室。我负责向创作组提供历史资料，所以那短时间我经常跑福州，因为创作组的基地最初设在省博物馆内。因为创作组需要了解郑成功的性格特征，这需要从其一生许多重要事件找到文献对他的描述，于是我从中学习并掌握到很多知识。对这位民族英雄有了更全面深入的认识。

1981年，我的工作稳定了下来。当时的福建省委书记向兰书记和我们说："福建省最出名的三位民族英雄：林则徐、陈嘉庚和郑成功，我们要弘扬他们的精神。"而向书记的想法是造一个郑成功像在鼓浪屿。这件事情自然而然的落实到了郑成功纪念馆，因为我是鼓浪屿人，理所当然地参与到了这个工作。我们在鼓浪屿走走停停。到了覆鼎岩，都认为这里是最佳位置。这里是以前的高射炮的阵地,旁边还有解放军的烈士纪念碑。唯一担心的就是这个地方是属于部队管的,生怕审批不通过。但和上面汇报后,部队方面表示对此非常支持。我们立刻兵分两路,一边负责雕像的创作,一边是整理用得到的资料。主雕的人是中央美术学院雕塑系的副教授,向兰书记的好朋友李庚的太太。还找了中美毕业的李唯世先生、省博物馆长王继权和厦大的诸位教师等人。他们组成了一个雕像组。纪念馆馆长(何文基)任雕像组的主任。我们专家组在一旁配合他们的工作。我一边翻读郑成功的书,一方面向他们提供郑成功的史料。雕像里面用的是中国传统的榫卯结构。雕像内有一个蝴蝶型的生铁,石头上刻了两个洞。只要将这个生铁安放进去,整个雕像就变得稳稳当当的,这都是我们中华传统的手艺的精妙之处。在雕像身体中间还有好几个螺纹钢,起到了避雷针的作用。下面用十几条的螺纹钢,一直链接到深处。雕像基盘非常坚固,一直到现在也没有发现问题,郑成功雕像还变成了我们厦门的地标之一。

1983年5月,厦门市文化局安排我去上杭的古田镇参加省第一届文博培训班,使我有一次全面学习文物考古知识和博物馆学的机会。前来授课的都是本省考古界的专家。我认真听课,收获很大。所记下的笔记至今还不时翻阅。通过这次全省文博干部的脱产学习,省文管会和省博的领导对我的学习态度和文化基础,产生了良好的印象。

国庆节后,我应中科院自然科学史研究所的邀请,参加中国古地图集编辑的一个会。第一次因公来到北京,来到天安门广场,你别提我有多激动!回程时路经上海,我特地到虹口公园参观鲁迅纪念馆。该馆的张妙法副馆长前不久来过厦门,他一见面就拿出一张纸,说"小何你家里来电报了"。我一听,心里直打哆嗦。老张说:"没事,是你馆里让你去参加复旦大学的考试!"

　　回单位后，馆领导告诉我说，这次国家文物局委托复旦大学在全国文博系统招考35名干部为脱产全日制学生，福建省有4名投考名额，省文管会经研究让我直接到上海华东考场应试。记得考试时间是1983年的11月底，给我复习的时间不足一个月。单位又不同意我请假备考，我只好利用业余时间读书应试。考试的科目和高考一样，英语不考，但换成考古、文物和博物馆学知识，因没有考试大纲，谁也不知道考什么。幸亏往日基础尚好，语文、历史和地理这三门功课在短时间拿下。政治这科目除了哲学有把握外，政治经济学则从未学过，只好临时抱佛脚，背概念记公式。文博知识浩如烟海，无从读起。幸好家里有一部《辞海考古分册》，平时浏览过，这次下决心把所有词条全背念。事后才知道，考题中那几道"鄂君启节""考古图"名词解释难倒了绝大部分考生，而我几乎一网打尽。功夫不负有心人，我最终以高分被复旦大学录取了。

1983年考入复旦大学(何丙仲供图)

　　春节过后，我来到上海，走进复旦大学的校门。看到了伟大领袖毛主席的雕像，望着"复旦大学"四个大字，我不禁热泪盈眶，高中毕业以后我足足走了二十年,终于圆了大学梦。暮色苍茫,正好有一位老者推着自行车出校门,看到我一个快四十岁的人在大庭广众之下哭得不成样子,问我怎么回事。我含着泪花把心中的感慨告诉他。真的由衷感谢三中全会,改变了我的人生。几天后看到学校的《复旦》小报,才知道那天偶遇的老者是学校的副校长,他把我的事例在校内广为宣扬。

为了不浪费辛苦得来的学习机会,我把课程安排得满满当当,每天在各个教室之间就像原野上的鬼火一样跑来跑去。

这可以说就是"否极泰来"了,那个时候正是祖国走向繁荣昌盛的时候,很多时候一个人的命运是跟国家的命运结合在一起的,尽管我只是一介书生,我也要多少尽我的力量,为这个时代做出贡献。

班上的同学都是来自全国各地的博物馆或考古工地的业务骨干,有一半以上是中共党员。千辛万苦考上大学以后,给我们授课的都是知名教授和国家级的文博专家,加上同学们那种如饥似渴的求学精神和你追我赶的整体学风,我在复旦学习期间,专业知识得到很大的长进,毕业的时候所修的三十几门功课中,有近三分之二获得优等的成绩。特别有意义的是,在学期间我递交了入党申请书。

二、汗水浇灌学术之果

复旦毕业后,我回到郑成功纪念馆。1986年,我就被调到厦门博物馆筹备处。当时正在筹备建厦门博物馆,因为我会画画,所以我对陈列设计方面比较注意,1988年博物馆开馆时,陈列设计大都是我的作品。我在大学时期向费金山老师学习过,是他的得意门生。我把他的一套设计理念搬到厦门来用,风格会比较简洁一点。这样的陈列工作还有我为鼓浪屿申遗而策展的该岛"历史文化展示"，海沧的海峡两岸中医药文化展示和林巧稚纪念馆的展陈大纲设计。然后现在有一个任务是鼓浪屿发展史陈列，这几天宣传部又让我酝酿一下，可能很快就要开工了。我现在就想除了用语言文字来表达我的思想以外，我用我的陈列来表明我的思想。

（一）潜心石刻

1988年厦门市博物馆开馆后，我立即转入闽南文化和厦门地方历史文化的学习和研究。1998年夏，我参加全市文物的普查，有幸走遍厦门市六个辖区的山山水水，记了两本半的笔记本。发现厦门石刻文物量多质好有特色，于是普查工作结束后，我利用节假日自费深入调查，分区分点采取犁庭扫穴的办法，对石刻进行清理描红。先是解决山上的摩崖石刻，除掉一部分坟山地界和"风水石"等标志性石刻，共得摩崖石刻456段，其年份主要为明、清两个朝代和民国时期。

在搜集整理摩崖石刻的同时，我也已经在着手访碑寻碣的工作。这项工作范围更广，难度更高。我大概花费四五年的节假日和双休日，走遍六个辖区内所有的寺庙宗祠，用捶拓、照相和描摹、抄录等各种手段，把当时所能见到并得到的各种石碑上的文字记录下来，共为各种碑记382方，其中宋代5方，元代1方，明代43方，清代289方，民国时期44方。我按其内容归为八类，加上同个时期搜集到的墓志和墓志铭，编纂为《厦门碑志汇编》，于2004年正式出版。退休后，我继续用心在民间搜集，将前后所得一百五十方在厦门出土的自唐代至民国的墓志铭文物，又编纂成《厦门墓志铭汇粹》一书。至此，我把厦门山上、平地和地下的石刻文物的家底基本上摸清楚了，并把它们化为文史资料，提供给学术界使用。这些需要汉语言文学为基本功的工作，得益于我高中毕业以后，乃至"文革"中不懈的读书积累。《厦门摩崖石刻》《厦门碑志汇编》

《厦门墓志铭汇粹》这三部成果的相继问世,让我作为文物工作者,初步完成了厦门文物中石刻门类的研究工作。我觉得开心的是,到目前为止还没有人对我书中的标点断句提出意见,说明我的汗水和心血,得到了大家的认可。

博物馆正式开建馆后,1989年我请了一年的探亲假。因为我的母亲和兄长都在美国,我想去探望他们。而在这一年我也没闲着,在美国的成人教育机构学英语,英语水平长进很多。虽然母亲和兄长也劝我留在美国和他们一起生活,但是我还是放不下厦门的研究。1990年就回来继续在厦门博物馆工作到1999年,之后我就被调回了郑成功纪念馆。因为我的学术起始是郑成功研究,所以被调到郑成功纪念馆我也更喜欢。

(二)研究郑成功史

我的命运既与郑成功相关联,所以尽管因博物馆的工作需要忙这忙那,我还是没有弱化对南明史、对郑成功史的关注。1999年我主动调回厦门郑成功纪念馆工作。从此后,除了日常行政工作之外,我集中精力于郑成功抗清、复台等具体史事的考证,比较有心得的个例是:(1)发现郑成功所用的《永历大统历》,与后世作为中西历换算的"康熙历"有不一致的现象,解决海峡两岸学术界关于郑军强渡鹿耳门的公历日期相差一天的争论。(2)在《清史稿》中搜寻有关1660年清郑厦门之战的点滴史料,重新探讨整个战役清朝的军事部署,廓清顺治皇帝并无被炮毙于厦门筼筜港之说。(3)利用新发掘的史料《夕阳寮诗稿》,使郑氏部属阮旻锡的生平历史得窥全豹,为国内遗民史的研究增添新的内容。(4)配合闽南文化海洋特质的研究,将学术视野延伸到大航海时代,发表过论述16—17世纪台湾在远东的战略地位,以及郑成功收复台湾的国际意义的学术论文。

由于我对郑成功和大航海时代这段历史的兴趣，荷兰莱顿大学历史系的包乐史教授（Prof.Blussé）遂于 2003 年邀请我到莱顿大学访学，为期三个月。包乐史教授研究 16—17 世纪中荷关系史，是国际上有名的汉学家，又是厦门大学的兼职教授，我自在郑成功纪念馆工作时就与他建立良好的学术友谊。我在那里的工作地点主要在汉学院图书馆，该馆的华文藏书号称欧洲第一，除此之外还有日本学、高丽学的藏书。著名的荷兰汉学家高罗佩的个人藏书就在馆里。大堂就高悬着一幅日本学人用篆书写的"学术最高峰"，我有生之年能来到这里，觉得以往的汗水和心血没有白花。这三个月时间，我除了泡在图书馆读书、抄录和复印大量厦门近代史的资料，还外出参观了荷兰海洋博物馆和有关 16—17 世纪荷兰东印度公司的一些史迹，加强了历史的现场感。特别是在学者江树生的陪同下，参观了海牙国家档案馆，发现大量明清时期厦门与荷兰海上贸易的文物实物，眼界大开，激动不已。

在莱顿大学寓所前（何丙仲供图）

(三)退休之前,攀登不息

按照规定,我应于 2006 年元月退休,我希望在退休前能通过努力,获得文博界的正高职称。在此之前我获得的技术职称是文博副研究馆员。在任职副高职称的五年期间,正是我目标明确,斗志昂扬的宝贵时间,我的有关郑成功研究的文章都陆续在全国学术刊物发表,有关石刻文物的专著也已经出版,这些都是申报正高职称的必要条件,但我还是觉得底气不足,因为这些都要经过国家文物局专家的严格评审,厦门博物馆已有几位同事铩羽而归。最后我抱着试试看的态度,按照要求递交了我的学术材料,然后照常安心工作。2005 年 11 月的某日,我带着单位宣教部的几位同事前往南安石井的郑成功纪念馆学习交流。中午时分突然有一个北京朋友的电话打进来,说是今天上午 21 位专家组成小组评审,我以 17 票同意的结果通过。听罢这个喜讯,我对着郑成功的塑像纳头便拜,我这一辈子敬仰郑成功,为郑成功文化服务,终于得到福报。

我死后,如果有成果能长久留传在人间,应该是我的石刻研究。在石刻研究方面,福建省还没有人超过我。因为在厦门的文史界只有我接受过历史学的系统完整的教育。1998 年我参加了厦门市的文物普查后,发现了很多没有记录的石刻。这石刻分为三种,一种是摩崖石刻,一种是石碑石刻,一种是自然山体上的石刻。在处理完公事后我就开始着手研究这三种石刻。做石刻研究一定要有这几个条件。第一个是你要读得懂,基本功一定要扎实。古文断句翻译一定要会,一知半解就是在误人子弟。第二个是要有献身文物事业的心,很多石刻石碑都在山岩田野,工作很辛苦。第三是要走群众路线,如果你不走群众路线,那些隐藏在田间地头的石碑是发现不了的。我在 2000 年就把厦门 300 多处的摩崖石

石刻资料采集(何丙仲供图)

刻给记录了下来。其间受到了各界朋友很多的帮助。我在2001年就由政协出版了《厦门摩崖石刻》，现在是作为一本工具书在业界使用。到了2004年由中国广播电视出版社出版了《厦门碑志汇编》。退休之后还把发现的墓志铭记录编写成书。现在很多相关的学术论文都会用我的这几本书。我相信在百年以后的学术界。还会有人记得我。因为这些都充满了我的努力，我的汗水，我的真诚。

我的成果得到认可后，胆子就大了起来。又出了不少有关闽南地方文化的书籍。我的学术研究可以分为四个大类，闽南地方文化研究、郑成功文化研究、鼓浪屿研究与其他文化学术研究。我从这几个大类中摘选出来相关成果，选入《何丙仲学术文集》。出版社对此很满意，因为我经受过专门的训练，文章逻辑条理清楚，很正规。

三、魂牵梦绕鼓浪屿，助力申遗十年间

（一）配合团队，编写申遗文本

2008 年，厦门市委市政府提出将鼓浪屿申请为世界文化遗产。因为我是地道的鼓浪屿人，又是闽南文化的研究者，所以受聘为鼓浪屿申遗的顾问。之前大家对鼓浪屿近代历史文化的研究，大多是停留在公共租界的层面上，做些零星局部的研究和探讨。起先我的工作主要是根据联合国教科文组织关于进入世界文化遗产名录的要求，配合清华大学的申遗团队编制文本。因此，必须对鼓浪屿近代历史文化要有更深刻和全面的认知。正好这个时候，市社科联要编写一套助力鼓浪屿申遗的丛书，要我撰写一部《鼓浪屿公共租界》。于是，我通过认真阅读鼓浪屿的近代中外文资料，特别是外文资料，发现 1843 年厦门开埠以后，到 1902 年"公共地界"成立的近 60 年的期间，住在岛上的中外人士有一个融合的过程，虽然是"华洋杂处"，但没有国内其他口岸那样时有摩擦。后来，我逐渐从岛上人口的变化，以及对其社会群体做了一些探讨，发现厦门开埠以来，居住鼓岛的洋人历年不超过三百人，而岛上华人人数却从 1873 年的近三千人，发展到 1930 年已有两万多人，而且其中大部分是具有经济能力的华侨和侨眷，从而得出鼓浪屿近代多元文化格局，是具有闽南文化特质的华侨在特定的历史时期，主动去吸收包括西方文化在内的各种文化而形成的，而不是简单的中西文化碰撞与交流。我的这些观点成为《鼓浪屿公共租界》一书的特色，并在申遗文本中得到了体现，终于为"历史国际社区"这一概念的形成，铺垫了道路。继而在申遗成功之后，我们将此观点进行系统、深入的论述，又撰写出版了《鼓浪屿华侨》，同样也得到

社会上良好的评价。

(二)翻译外文史料

申遗工作和鼓浪屿近代历史文化研究,离不开外文资料。我于1957年念初中时就开始读英文,一直学到高中毕业。其后我在复旦大学读书时,插班到大三、大四,读完许国璋先生的非英语专业大学课本。博物馆开馆后,1989年,我探亲到美国,在那里生活了一年。这一年我也没有闲着,因为美国家里缺乏我需要的专业书籍,这对于读书成癖的我是非常难受的事,所以刚到洛杉矶后不久,我就找到当地一家成人教育机构学习英语,并通过考试获得结业证书。这个无意中的学习和提高的机会,使我在以后鼓浪屿申遗工作中发挥了作用。在这期间我翻译了不少英文史料,其中《厦门纵横——一个中国首批开埠城市的史事》和《近代西人眼中的鼓浪屿》列入鼓浪屿申遗丛书正式出版。同时,在申遗的过程中,我因能够用英语和外国专家对话,工作效率也得到提高。

《近代西人眼中的鼓浪屿》

由于我阅读外文资料比较方便，又加上对照现存文物和中文文献，在实际工作中解决了不少问题。比如鼓浪屿的英国领事馆馆址，一开始很多人认为是建于1843年。其实不然。鸦片战争后，英军有500人住在鼓浪屿。1843年厦门开埠，英国随即派遣领事来厦，但据英文本《巴夏礼在中国》这本书说，英国领事是在鼓浪屿租房子办公的，并且还养了家禽。1845年清廷赔款付清，英兵撤出，英国领事只好到厦门觅地建馆，通过中山公园附近那方《重建兴泉永道署碑记》等文物和《咸丰朝兴泉永道署》等文献，我们可以确认，当年的兴泉永道署（今之厦门市少儿图书馆），曾经一度做过英国驻厦领事馆。第二次鸦片战争后，英国才在鼓浪屿建设领事馆。鼓浪屿申遗时，其历史文化展示中心，就设在英国驻厦领事馆的旧址上。

申遗的内容必须严谨正确，鼓浪屿有一个英国领事馆馆址，一开始很多人认为是1843年南京条约生效时建的房子，然而并不是。其实鸦片战争后英军有五百人住在鼓浪屿，从1841年的八月就住在鼓浪屿。他们的理由是要等着《南京条约》的赔款交了。开通口岸的时间是1843年的8月，《南京条约》生效，英国人就派领事过来，第一任领事来鼓浪屿，他就在这里跟英军住在一起。到了1845年南京条约的赔款分三期都付完了，英军要走了，领事就说他现在需要一个领事馆，他在鼓浪屿是没领事馆的，所以要建，就建在现在的中央公园旁边，中央公园旁边院子里有一块碑文，那块碑文就记载这件事情。所以鸦片战争以后这个道台被英国人占了二十年，这是千真万确的，跟我们文件是一致的，因为鸦片战争之后它被打烂了，当时领事说在道台这个地方你来建一个，英国人就说给清政府图纸清政府来建，再来向清政府租，白纸黑字清清楚楚。然后就在那个地方建了英国的领事馆，从1843年开始，二十年在这个地方。这些是有文献、文物可以证明的。第二次鸦片战争开始后,英国领事觉得在这个地方不大合适,所以他又迁回了鼓浪屿,所以鼓浪屿这个领事馆是一八六几年才成为领事馆的。在2017年9月份鼓浪屿申遗成功后,社会因此对我的评价也高。

(三)校注古籍

我热爱校注古籍,其实始于平时的阅读。退休前后,我得到一个机会,在鼓浪屿的一位朋友家中偶然发现了郑成功部属阮旻锡的诗集《夕阳寮诗稿》刻印本。这是一部孤本,极为珍贵。于是我赶快把它校注出来,加上年谱,交由厦大出版社出版。出版以后得到学术界的重视,南京大学研究明末遗民的同仁已在论文中引用为史料。其后我又用心校注出版了明代著名的理学名宦林希元的《林次崖先生文集》。这部文集始刻于清乾隆年间,光绪间又有重刻,我结合两个版本的优点,纠正了谬误,完成其第三次的再版。在点校过程中,发现集中的《金沙书院记》是海沧区很重要的历史文献,此书院原为当地人解决与葡萄牙人("苏文岛夷")有关纠纷的公馆,林希元把它改成书院,还翻刻标有"海丝"各国的《古今形胜之图》。海沧区政府即由此为根据,正在打造"金沙书院"这个新的文化地标。

2017年2月,正在申遗工作最紧张的时刻。我突然病倒,被诊断是肝癌晚期。面对这一切,我视死如归,觉得反正都活过古稀之年,无所谓。后来经过大手术,我又活过来。康复期没啥事,我又找出一些古籍或文献,进行整理和点校。生病前后,我为本市社科联主持的"同文书库"整理、补辑和点校出版了六部文献,还为"泉州文库"点校明代同安蔡复一的《遯庵全集》,交由商务印书馆,即将出版问世。厦门作家泓莹说我是"病一次一次来,书一本一本出"。

四、"始乱而终弃"

我觉得我走过的路,实际上就是在培养自己"文化自觉"的过程。最庆幸的是,我从而立之年开始懂得向学,懂得读书,渐渐地,工作和学习成了我生活的重要部分。然而回过头想一想,虽然我尽心了,但还是觉得我的那些成果实在不值一谈。

不过,在数十年的摸爬滚打的日子里,我还是有我自己的"春江饮水"。久而久之,我最大的心理收获是凡事"始乱而终弃"。"始乱而终弃"本来是贬义词。但我把它放在学术研究的过程里,那就是钻研某一个题目,必须"乱",也即充满激情,等成果出来后,就必须忘掉它,特别不能以此骄人。然后重新开始,另觅"新欢"。

接下去的余年,我仍然会"始乱而终弃"。

让我能够在学林里面站住脚的正是我的文化自觉。文化自觉很重要,我希望通过我来感染更多人的自觉。文化是自觉的,我把文化当成自己的生命力。根据我的现状来计划我要做什么,人生在世只要不死就一步步走。

晚年时的我病一场一场地来,书一本一本地出。先是因为各种原因脚落下了毛病,做手术时要做全麻。从那之后,我的记忆力就下降的非常厉害。但是在术后医生和我说我在手术台上还背出了一首英文诗。我觉得这就是"书读到骨子里"了。后来在申遗的重要时期又发现了肝癌。当时我还有几本书在做,加上鼓浪屿历史文化陈列馆工作非常忙,我平时晚上都是两三点钟才睡的。2017年1月某天肚子痛,我女儿赶快开车送我到医院,血压降到只有三十多,再迟一步就死了。发现是肝肿瘤破裂。医生让我回去安顿,我爱人就眼泪哗哗地流。得知消息后,朋友们都来了,即使是远在他国的哥哥也飞回来看我。

病情好转一点后，我第一件事就是把我一万多本藏书全部捐给图书馆，没完成的手稿交给图书馆的副馆长，让他帮我出书。二月我就到了第一医院做了手术，手术做得非常成功，从那以后每个月都检查，都很正常。医生说还是要小心，多休息。但是在肝癌病重这一年我还是出版了四本书，还把石刻研究保留下来的拓片捐赠给了厦门市图书馆。

因为我把所有的苦难经历都走过来了，我对我的人生无怨无悔。我只是一介书生，我真诚地把我的生命交给学术研究。因为我是党员，我能够把我的青春、我的血汗，献给我钟爱的事业，我做到了。

洪卜仁

一生执着　至死方休

简介：洪卜仁（1928年6月16日—2019年5月20日），曾任厦门市政协文史资料委员会副主任、厦门市方志办副主任、厦门市社科联副主席、厦门大学人文学院兼职教授等，任福建省文史研究馆馆员、厦门市政协特邀研究员、厦门市非物质文化遗产保护中心专家组成员、厦门市政府地方志办公室高级顾问、厦门大学出版社特约编审。闽南文化类著作有《厦门史地丛谈》《厦门电影百年》《厦门名人故居》《厦门华侨志》《厦门土地志》《厦门文化丛书》《泉州华侨志》等。

　　我的祖籍是在泉州惠安县塔窟乡对面的一个小渔村——山前村，以前那里的人们都是以海为生。身强体壮的男人们要不就是抓鱼谋生，要不就是去船上当水手、做船长；老少妇孺们善于在滩涂上捉些小鱼、小虾贴补家用。清末光绪年间，祖父将家庭迁移厦门，我的祖父、大伯父和二伯父从水手做起，后来成为船长。等到我父亲洪开昌十四岁时，家里已经稍有积蓄，祖父和伯父们不忍心再让弟弟做这辛苦的海上营生，便决定让我父亲作为卖鱼小贩谋生，稍后在厦门港的一家钟表店当学徒。后来我的父亲转到一家金铺学打金银饰品，有了些积蓄便与一位朋友合开了一家打金店做起了生意。

我父亲深感自己在家乡只读两年书，没什么知识，所以他发誓要让我们几个兄弟姐妹上学堂读书，为此他为我们各买了一份邮政局开办的"教育储金"。我的大哥洪笃仁就是靠我父亲这笔"教育储金"念完了小学、中学，后来就读于上海暨南大学中文系（抗战时期该校迁入福建省建阳县）。新中国诞生后，大哥洪笃仁先是在厦门日报工作，继又在厦门一中任教，后被调到厦门大学中文系任教，是一位造诣很深的语言文字专家、教授，参与编撰《汉语大辞典》，任副主编、华东片区的主编。我的第一篇短篇小说《人情》就是请当时在暨南大学的大哥帮助修改润色后发表于当年建阳的《大潭报》。1945 年 12 月，我还在读高中一年级，我的父亲就因积劳成疾去世了。我别无选择地挑起维持一家数口的生活重担，早早辍学去求职谋生。

后来，我在舅父与人合资开设的钱庄做事。钱庄以我名字作为经理申请营业执照。我在读中学的时候就已经喜欢阅读，已经看了很多中外名著，比如巴金、鲁迅等多位文豪的小说、散文。也读了《三国演义》等中国四大名著。还有高尔基、歌德、雨果等外国作家的名著。中学时我曾与同学一起组织曙光文学社，互相交流。从那时起写作就是我的兴趣爱好。白天我在钱庄做事，晚上在房间里写文章。即使是生活困难，我也没有放弃自己的爱好。起先我是在通信社负责写通信稿，就是每天都要综合当天的日报内容发稿。先后以"永铎""香山人""洪钟"等笔名在《大潭报》《太平洋晚报》《闽南新报》《星光日报》、印尼《新报》等海内外报刊发表杂文、散文、诗歌、小说。这其中既有揭露旧社会黑暗的小说、诗歌之长矛，如《人情》《海葬》《登龙术》《勤俭实例》；也有抨击弊政的一事一议之匕首。还经常在《星光日报》许虹编的副刊"星星"、吴忠翰编的《厦门大报》"鹭江渡"副刊写稿。1948 年至 1949 年，开始在海外新闻社兼职当记者，1949 年初到 8 月，在厦门日报（晚刊）当记者兼编"经济网"和"周末娱乐"两版面。在报社的那段时光就是在不断地磨炼自己,正因为在那时打下了良好的基础,才能有现在的成就。只有日积月累到一定的程度才能在后期爆发。没有付出就没有回报,唯有自己才能充实自己,厚积薄发。

一、孜孜不倦,不忘初心

我自幼好学,收藏许多中外古典文学作品和闽、台、侨等文献史料。十几岁的时候就当了记者,之后四处奔忙,读书可谓忙里偷闲。1949年8月底,国民党厦门警备司令部司令毛森大肆搜捕共产党嫌疑人,我在黑名单搜捕之列,幸得地下党闽中负责人通知,躲过一劫,但我在双十中学念书的四弟洪樵甫被带走,家里被查抄,藏书被扫荡一空。

1957年,我被错划为"右派",下放到厦门马銮盐场监督劳动。没了工资只拿"给养费",经济拮据的我为了维持生计,只好忍痛割爱卖掉自己的部分藏书。我把一些地方文献卖给厦门市图书馆,将其他非厦门的旧报刊售给北京古旧书店(今中国书店)及上海古旧书店。1959年,我还捐出部分旧报刊给厦门革命文物展览馆,这些旧报刊有《声援》《青年学生》等,多为解放前中共地下党活动的有关资料。当时捐献的杂志、报纸、资料等,由私藏变为公藏,免遭"文革"被抄走焚毁的厄运,算是一大幸事。数年后,"文化大革命"爆发,我又遭到抄家的厄运,"红卫兵"小将遵照上级"片纸不留"的指示,将我家所有的报刊文档一扫而空,连《毛泽东选集》《红旗》等书刊也不给留下。此次劫难,令我痛心不已,珍藏的所有清末民初的报刊资料以及一些书画、文物荡然无存,至今不知去向。

改革开放后,我痴心不改,嗜书依旧。在繁忙的工作之余,我四处淘宝,搜寻闽、台、侨资料,尤其关注福建华侨的文史资料。不

洪卜仁做讲座(白桦拍摄)

仅在厦门当地搜寻、购买，还常常利用出公差、出国等各种机会寻
访古旧书市，每次外出都会满载而归。

　　1993年，我被派往香港参加香港厦门联谊总会成立的纪念刊
编撰工作，大半年的时间在香港。我利用空余时间，跑遍香港九龙
旧书店，选购了不少图书，分批带回厦门。我还在北京的潘家园、
相国寺和杭州、南京、上海、西安、广州等地的旧货市场、旧书店等
处搜寻，淘到不少民国版书刊。在北京的琉璃厂，我买到《金门县
志》；在南京、上海的古旧书店，我购得商务印书馆出版的《丛书集
成》等数百本旧书和流失在外的档案内刊。在福州古旧书店的收
获最大，我发现了一些几乎失传的报纸、文章等，如华侨黄乃裳清
末在福州创办的福建第一份本省人办的报纸——《福报》，极具文
物价值。后经我推荐，由福建省博物馆收藏，我也获赠了两份。此
外，我还淘到郁达夫在福州基督教青年会所作的演讲，据上海华东
师范大学陈子善教授考证，这是全国仅有的一份，极为珍贵。为
此，我写了《喜出望外的发现》一文，发表在花城出版社的《随笔》

1983 年第三期,抒发了自己得到孤本的欣喜之情。鲁迅在鼓浪屿《民钟日报》刊发的《鼓浪》周刊,学术界原来认为只出过六期,而我收藏的四份中,有一份第七期为世人所不知。因为第七期这一重要的发现,后来《鲁迅全集》中的注释也由此改写。这四份《鼓浪》的原报,我捐献给了厦门大学鲁迅纪念馆珍藏。

30 多年来,我的收入大多花费在收藏上,我省吃俭用,挤出大量的薪金、稿费购买书、报和老照片等,仅缩微报纸就花了一万多元。我收藏了厦门解放前所有报纸的缩微胶卷,以及历年来我在上海图书馆、福建省图书馆、福建省档案馆、国家图书馆、北京中国第一历史档案馆、南京中国第二历史档案馆、香港大学图书馆、香港浸会大学图书馆、香港中文大学图书馆、香港图书馆、台湾大学图书馆、新加坡国家图书馆拍摄、复印的大量资料及档案。在我所藏图书中,各类工具书搜集得最为齐全,因为那是我治学时不可或缺之书。我珍爱自己所藏,将所有的图书、报纸、资料都分门别类地安置好,以方便查阅,一些藏书上还钤有"洪卜仁藏书"印记。

我爱书、藏书,大半生耗资购藏的图书,仅改革开放后 30 多年间,就有两万多册,其中有的还是绝版书刊,甚为珍贵。我搜集的报刊资料、地方史志文献数百万字,其中有英文资料和日文资料,还有美国、日本等外国领事馆的部分档案,不少都是颇费工夫才收集来的,许多版本连图书馆也不曾收藏。2007 年 2 月我将自己藏书室"知不足斋"中收藏的近两万册图书分别捐赠给厦门市图书馆、厦门大学图书馆、厦门市博物馆、厦门华侨博物院,这其中有大量的地方文献,以厦门、台湾及华侨的史志、文献资料为多。藏书的目的是要用书,让更多人查阅、使用这些藏书和资料,有助于促进史学研究。

前些年,我还抽空到省图书馆及省档案馆查阅资料。为了搜集有关厦门造船业的史料,我不畏夏日酷暑,一次又一次来到省城福州，奔走于档案馆与各大图书馆间查阅资料；为了编写《厦门气象今昔》一书，则到南京查阅资料。

从厦门市政协正式启动市文史资料征编工作，我便开始参与厦门市政协文史资料编撰工作直至今天。我的著述和由我任主编、副主编、主纂编撰的各类志书、资料汇编、专著达上百本，其中有些书曾荣获全国优秀图书奖。这其中如《厦门华侨志》《厦门土地志》《厦门新闻志》《中国经济特区简志》《厦门与香港》《厦门旧影》《厦门总商会资料汇编》《陈嘉庚与福建抗战》《闽南革命史》《泉州华侨志》《厦门经济特区建设十周年》等篇幅巨大，涉及面广，影响很大。

厦门解放以后，我在惠安香山完全小学任校长，后来回到厦门，在厦门六中等校当过教员，担任历史教学工作。教学之余，我还收集一些有关闽南地区的历史资料，潜心研究，发表了多篇史学论述。1954 年，在印尼雅加达华文杂志《新报半月刊》发表了《台湾自古是中国领土笺证》。与人合作于 1955 年 6 月 23 日发表在《光明日报·史学》的《郑成功收复台湾的经过》是新中国成立后较早发表的关于民族英雄郑成功抗击荷兰人、收复台湾的论文之一；1956 年 3 月 15 日，我写的《太平天国革命时期小刀会的反清起义》发表在《光明日报·史学》，是最早介绍清末小刀会在厦门和闽南地区活动史实的文章，引起史学界的重视；1957 年 3、4 月间，我还在《厦门日报》副刊《海燕》连载的《厦门史话》中介绍了厦门的近代历史。

1957 年初，福建师范学院历史系发下调令要调我到该校任教，讲授"历史要籍选读与介绍"课程及地方史研究。但就在这时候，我被错划为"右派分子"，《厦门史话》被停发，受到留职下放劳动改造的"待遇"，离开了我心爱的教学岗位和史学研究园地，到马銮盐场、校办农场等场所参加繁重的体力劳动，这一去就是 21 年

洪卜仁在越南泉州会馆接受采访（白桦拍摄）

之久。在此期间我曾有过自我了断的念头，但想到我还有家庭，我便坚持了下来。

　　1979年，中共十一届三中全会后，我被错划的"右派"得到改正，恢复原薪原职，重返教坛。1983年初，我被调到方志办后，经领导同意，相继在福建省艺校厦门分校、厦门同文旅游职业高中、厦门鹭江职业大学、厦门工人业余大学和电视大学兼过课。在完成教学任务的同时，我写了有关华侨和闽台地方史文章上百篇，计100多万字，分别发表在《福建日报》等十儿家报刊。全国性刊物《学术月刊》和《随笔》上也发表过我的文章。我还曾应聘担任厦门大学人文学院兼职教授。

　　在担任厦门市方志办副主任期间，我应邀在厦门市委宣传部、厦门市总工会、共青团厦门市委员会联合举办的厦门地方史讲座上主讲，并编印《厦门地方史讲稿》一册10多万字。1983年厦门南乐演出团应邀赴香港演出，编印纪念刊，我为之撰文《厦门南乐艺坛》，介绍南乐在厦门的发展史和艺人的造诣。我还应福建教育出版社和福建省教育学院历史研究室的邀请，主编《福建乡土历史教材》上下两册，五年间印数近 100 多万册；为福建日报总编室编印的《福建纵横》撰写"福建解放三十二年来大事记""福建的教育""福建的华侨和侨乡""福建的宗教"等五个专题；应中新社福建分社之约，在新加坡《联合早报》，马来西亚《南洋商报》《星槟日报》，菲律宾《菲华时报》，香港《文汇报》《华人》杂志等发表 40 多篇专稿，其中《福建史话》在菲律宾《世界日报》连载 23 篇，中新社福建分社的《专稿工作通讯》指出："这等于向海外同胞上了一堂福建的历史课。"

二、克服万难，一片丹心系文史

我重新回到历史教师的岗位之后，更加抓紧时间研究史学，1981 年，我撰写了《唐人考略》一文，发表在《学术月刊》（上海）1983 年第 3 期上，又在《福建论坛》发表了有关华侨黄奕住的文章。同年，我接受《八闽纵横》编辑部委托编写《解放以来福建大事记》，那时我每天下班后带一块面包，到厦门图书馆查阅《福建日报》，从下午一直查到晚上八点闭馆，坚持了数月。我利用业余时间编了《福建大事记》上下两本，书中附有福建各县市解放的具体时间。为了方便读者查阅资料，我还与江林宣等人编有《江声报》《星光报》（1945 年 12 月—1949 年 10 月）的索引，另还编有《厦门日报》（1949 年 10 月 21 日—1966 年 6 月）有关政治、军事、经济、文化方面的索引。

1992 年 7 月，我赴日本参加一个国际会议，经厦门在日留学生廖先生等人的协助，发现了日本战史档案中有关著名华侨胡文虎与东条英机谈话内容的记录，澄清了长期以来"胡文虎巴结东条英机卖国"的误传。从日本回来后，我立即与厦大历史系孔永松教授一起写了考证文章,发表在《抗日战争史研究》和《厦门大学学报》上。胡文虎的女儿、著名香港企业家、国际华文报业协会领袖人物胡仙博士,随后应邀回乡,受到江泽民、李鹏、李瑞环等中央领导的接见,海外广大客家乡亲也为此感到十分高兴。

厦门市图书馆的洪卜仁工作室(许晓春拍摄)

1994 年,我发现了国民党荣誉主席连战的祖父、台湾著名史学家、诗人连横申请恢复中国国籍的原始档案。1895 年日本强占台湾,1897 年连横因其母患病在床,一家人不便离台外迁,被迫成为日本籍民。1914 年初,连横在北京亲赴国民政府内务部,填写《申请表》,申请恢复中国国籍,并改名字"连雅堂"为"连横"。但是连横复籍改名的档案,人们一直未曾见到。事有凑巧,1994 年 12 月,我赴南京参加一个学术会议,其间到中国第二历史档案馆查阅有关台湾史料时,意外地在《内务部卷宗》中发现一袋档案,封面上写着"申请恢复中国国籍"八个大字,凭着史学家的职业敏感,我立即调阅,打开卷宗一看,果然有连横亲笔填写的一份复籍改名申请书。我惊喜万分,将全部档案复印带回厦门。消息一经传出,新华社记者采访了我,随后发布了新闻。紧接着,《人民日报·海外版》《福建日报》《港台信息报》都刊登此消息和部分档案影印件,又被国民党中央社及海外30多家华文报纸转载。2005年5月,连战主席访问大陆,时任中共中央总书记胡锦涛特意将这份档案的复制件馈赠连战。随行的国民党女发言人郑丽文在记者招待会上郑重地说:"连主席非常感谢,感谢厦门的专家。"

我在厦门地方文献的搜集整理、开发利用,以及地方史的研究方法等方面积累了一些经验。为此,厦门市图书馆于2003年5月30日聘请我为厦门图书馆文献研究顾问,继而又成立了"洪卜仁工作室"。我决心要将自己的知识传授给厦门市图书馆的青年人,积极指导年轻同志征编、整理文史资料,努力做好文史工作的传帮带。2007年5月,香港浸会大学聘请我为博士研究生讲授福建地方文史。数十年来,我为爱国主义教育与对台文化交流不辞辛劳,奔波于北京、上海、南京、福州、香港、台湾及东南亚各国间。

洪卜仁指导市图书馆年轻人整理厦门地方文献(厦门市图书馆提供)

　　参与政协文史工作最令我感动和记忆深刻的一件事，是上世纪 60 年代初，住在鼓浪屿的政协委员张镇世和社会人士杜申裕、曾世钦、叶更新、杨纪波等十几位老先生为抢救鼓浪屿史料付出的奉献和查阅旧报的精神。他们当中的杜申裕先生，原是英国驻厦领事馆打字员，管理该馆的档案文书。中华人民共和国成立初期，英国就与我国建交，杜先生仍在该领事馆任职。那时候，市政府还没设外事办，外事工作属市公安局外事科分管。在经过有关部门同意，张镇世等人在英国领馆翻阅了该馆的许多英文档案，由杜申裕和谢延增（福建第二师范学院英语教师）、薛君昌（毕业于上海圣约翰大学、人民银行行员）等谙熟英文的老先生翻译成中文。与此同时，他们采访了曾经在驻厦外国领事馆、外资银行、洋行、海关、工部局、邮政局以及教会、学校、医院服务过的老鼓浪屿人，记录的口述历史内容广泛、时间跨度长，大部分是个人亲历或亲见亲闻的材料，非常珍贵。遗憾的是，这些征集的原始资料尚分散于几个人手中来不及整理、汇编，"文化大革命"的暴风骤雨就来了，许多人遭到抄家，许多资料散失。

　　1971 年以后，大家不再那么担惊受怕了，相聚一起泡茶聊天的时间反而多于"文化大革命"之前，张镇世老先生他们重新启动抢救鼓浪屿史料工作。我参与几次在"鼓浪屿老人活动室"和许葆栋（军统闽南站负责人之一）先生家里的采访活动。其间，张老多次上门商讨史料整理汇编成册的问题，要我承担此项工作。据我了解，抢救鼓浪屿史料全程的费用，都是张老自掏腰包的；而跑腿联系采访对象的事也是他最积极。1975 年 2 月，材料汇编刻写蜡纸誊印了几十本"内部参考资料"的《鼓浪屿文史资料》（未定稿），分发热心史料工作的老年人士征求意见。叶更新、杨纪波两位先生参加了这项工作。之后，又陆续收集到一些"文化大革命"劫难余存的资料，增补了一些采访的口述材料和书本、报刊的文字材料，由我执笔写成《鼓浪屿简史》，于 1978 年 3 月刻写誊印十几本。1980 年 4 月出版的《厦门文史资料》（选辑）第三辑发表的《"公共租界"时期的鼓浪屿》，就是油印本《鼓浪屿简史》的修改稿。1990 年市政协文史委编写的《厦门的租界》一书，由鹭江出版社正式出版，再次收入《"公共租界"时期的鼓浪屿》这篇文章。

回顾鼓浪屿文史资料收集编写过程，先后有丘崖兢、李硕果、李博用、吴炳耀、朱鸿谟、黄奕田、林曼馥、许葆栋等四五十位老鼓浪屿人提供口述或文字资料；张镇世、杜申裕、曾世钦、叶更新、杨纪波等老先生投入好几年的时间和精力。他们尤其是张老先生对鼓浪屿史料的抢救，功不可没。我参加采访比较少，主要是收集、整理材料进行文字加工，编辑出版。

三、习近平同志找我了解地方史

大概是在 1985 年 6 月，在厦门电业局任职的林江汀同志到家里找我，告知他有一位清华大学同班同学叫习近平奉调来厦门，即将就任厦门市副市长，要了解厦门的历史和民情民俗，托他借几本相关书刊。作为地方史志工作者，听到新来的领导"下车伊始"就急着索阅地方史志，我非常高兴，马上承诺提供相关书刊。

林江汀同志是 1983 年参加"厦门地方史讲习班"认识我的。该讲习班当时由市委宣传部牵头，请我讲课，地点在工人文化宫四楼大教室，所以林江汀习惯称我"洪老师"，而自称"小林"。那个讲习班结束后，讲稿经整理由厦门市总工会和共青团厦门市委打印成《厦门市地方史讲稿》，大约 10 万字，内部发行。当时小林代借的书，有道光版《厦门志》，也有那本《厦门地方史讲稿》。

过了一段时间，小林挂电话到方志办找我，说习近平同志约我到他住的地方聊聊，并和我约定了时间和地点。有一天傍晚，我赴约前往图强路二号楼的 301 室,第一次见到习近平同志。他和小林一样称呼我"洪老师"。我们就在他的卧室边抽烟边喝茶,开始交流厦门地方史,从唐代开发厦门的"南陈北薛"谈到厦门经济特区的创建和发展。他偶尔也插话,特别关注厦门与华侨,厦门与台湾相关的历史情况,还问起厦门的民生民情直至菜篮子的问题。

那天晚上聊了三四个钟头,将近 11 点我才告辞。没过多久,我听说他在主持农村工作会议时,还谈起古代厦门开发的"南陈北薛"的典故,令与会同志们感到惊奇。

习近平同志在厦门任职期间,曾主持厦门市 2000 年社会经济发展战略研究,市方志办参加这次战略发展研究项目,并与统计局合作承担了其中一个课题:"厦门市社会经济的演变和今后发展趋势",厦门市社会经济演变这一部分,由我执笔。参加过几次会议讨论,1988 年 3 月 28 日,习近平同志与厦门市 2000 年经济社会发展论证会全体代表一起合影留念。

后来再有一次在鼓浪屿巧遇习近平同志。有一个夜晚,我到鼓浪屿音乐厅听钢琴演奏,散场时候灯光亮了,看到市领导朱亚衍、黄杰成陪同当时的福建省省长习近平在场。我与他们点头打招呼,想不到已经时隔十多年,习近平同志还称呼我"洪老师",让我难以忘怀。

其实,我不敢说自己是一个专家,只是被记者和媒体给夸大了。尽管我已经是副编审、编审,但我依然认为我只是一个文史工作者。时至今日,我能有这些成就,也是多亏了我那位患难与共的夫人,如果没有她的默默支持和为这个家庭的付出,我就不会有这么多的成果。我每天都在外面跑,完全顾及不了家庭,以前的老朋友也没有时间去联系,说起来我也很愧疚。

如今我已年至耄耋,身体已大不如前,黄斑病变,视力锐退,接近失明,但我仍然放不下我的书本,每天都手持两个叠加的高倍放大镜看书、审稿、剪报；近几年仍然赴新加坡、菲律宾及台北、金门等地参加学术活动；忙于厦门一些行业志书的编审；忙于新书的撰写、编辑、出版；忙于出席政协、社科联、民盟、史志界的相关会议；忙于在厦门市图书馆"洪卜仁工作室"培养地方史研究骨干、提供信息咨询、承接课题研究服务。尽管"士为知己者用"在我身上起作用，然而岁月不饶人，很难想象，我参与政协文史工作还能维持多长时间，那就只好问"苍天"了。

周
长
楫

永远的闽南语情缘

简介：周长楫，厦门大学中文系教授、汉语史硕士导师、全国汉语方言学会理事。致力于闽南语以及闽南文化的推广工作。著有《厦门方言辞典》《新加坡闽南话词典》《闽南话概说》《闽南方言与俗语》《新加坡闽南话俗语歌谣选》《闽南方言大词典》《闽南方言常用小词典》《闽南话的形成发展及在台湾的使用》等书，受聘为台湾成功大学中文系客座教授、新加坡南洋理工大学客座研究员。

一

我的父母亲是厦门鼓浪屿人，他们结婚后就到缅甸仰光教书，并生下了我们弟妹三人。1941年底日本发动太平洋战争，1942年侵占缅甸。日本侵略者在缅甸烧杀掳掠，无恶不作，广大百姓深受其害，纷纷逃难避祸。在异国他乡，我们举目无亲，所以父母亲就手抱背驮，带着我们兄妹，跋山涉水，穿越缅甸北部，经贵州、云南、四川，逃难回国。由于饥寒交迫，父亲在逃难途中不幸患病去世，母亲一人就只身艰难地带着我们兄妹三人颠沛流离，于抗战胜利后回到了故乡厦门。

得到大舅的帮助，我母亲很快就找到了在厦门交通银行当个低级职员的工作。我和弟弟读小学，妹妹寄养在外祖母家。1953

年，我小学毕业，先是考入厦门市立中学（校址在今厦禾路的第六中学），后来厦门市立中学与厦门省立中学（校址在今中山公园南门附近的玉屏巷）合并为厦门第一中学。1953 年，我初中毕业，考入厦门一中高中部学习。当时，国家开始进入经济建设时期，各行各业都需要人才。陈嘉庚先生创办的集美水产、航海和财经三所学校就是培养中等专业技术人才的，学制三年，毕业后可以马上给安排工作，同时，在学期间还可以享受学校的生活补助。为了减轻母亲一人撑持家庭的负担，也为了让弟妹将来能顺利升学，我决定放弃念高中升大学的机会，选择读集美财经学校。

由于国家建设急需人才，所以 1956 年 2 月，我们就提前毕业了，当时我还不到 18 岁呢。毕业后我被分配到福州市福建省工业厅属下的一个大企业福建机器厂的技工学校当会计。

关注研究动态（周长楫供图）

初出校门，又远离家门，第一次来到福建省的省会福州市，自然是兴奋交织着一些害怕。但学校的教育、母亲的嘱托，给了我力量，我勤勤恳恳地工作着，多次受到褒奖，除了本职工作，我还兼任学校团总支副书记。但不久发生的两件事,使我心里受到了不大不小的刺激。

第一件事是审查领导报账的问题。那时,财务的管理还是比较严格的。我们单位一个领导擅自买了一部外国牌的自行车。当时,买自行车算是一个比较重要的资产设备,并规定只能买国产自行车。购置资产设备的发票必须经过指定的建设银行审查才能报销。我拿着领导买车的发票到建设银行,经审查不准报销。回来后我向这位领导汇报。哪知这位领导竟勃然大怒,斥责我办事不力,非要我给办好报销的事。后来经过几番的折腾算是给报销了,但我感到一肚子的委屈。

第二件事是做财务会计的,每年年终决算要做一份资产负债表上报,这个表要求借贷两方的数字都要平衡的。也怪我粗心,平时记账时把一张尾数是"9"的数字看成是"7",结果借贷双方不平衡,差了两分钱。这两分钱又不可用现金抵账了事,一定要在账本里找出这两分钱的差额的由来,这就必须重新翻查当年数以万计的原始凭证,一一核实对账。这时候又临近春节,我急着要回家,又买好回厦门的车票了。领导知道后,叫我以工作为重,春节就别回家,在这里加班核账,做好决算报表,准时上报。每逢佳节倍思亲,那时,人家一家人团聚过年,热热闹闹的,我一个人却要在异地的办公室里加班做账,多难受呀。想到一年来做会计工作,整天都坐在办公室里忙得不可开交,经常要加班加点,还碰上因报账问题被领导训斥,账目平衡因差两分钱要付出如此的代价这些不顺心如意的事,心里觉得窝囊。

还好不久来了个好机会。那年四五月,报纸刊登全国高等学校招生考试的新闻,其中有一条提到高校可以招收一批在职的人员进大学深造,同时还规定在职人员报考,外语可免试,录取进大学后,凡工作满三年的在职人员,在大学学习期间还可以享受调干生的生活补贴。这真是喜从天降。我把这个好消息告诉母亲，立即得到她的支持鼓励。一些要好的同事朋友知道我的打算后，也都热情地鼓励我努力备课迎考。那时，我除了白天上班做好工作外，业余时间，我几乎全身心地扑在读书上，每天晚上都要读到深更半夜，节假日也不休息。一年下来，整个人瘦得像个猴子。不巧临近报名时，又碰到个小麻烦。原来在职人员报考大学，需经单位批准，我们单位领导虽然同意我报考大学，但希望我能选报经济类的专业，最好学会计，毕业后回原单位工作。我的天，这几年的经历使我对做会计有点厌烦，加之平日里我对文学的兴趣爱好，我正想能通过高考来改换门庭学文学，将来做个记者或作家什么的，多风光呀！不过我们单位管人事的干部很同情我，经她多次周旋，领导终于签发批准我的报告，让我顺利报名参加高考了。

二

老天不负有心人。1959 年 7 月，我接到厦门大学寄来的红色录取通知书，我被录取在厦门大学中国语言文学系了。当时，我泪流满面、激动、兴奋，总之，那个高兴劲就别提了。8 月底，我准时到厦门大学报到。厦门，是我的故乡，小学初中阶段，学校好几次春游秋游，都组织我们来厦大。记得母亲也曾带着我们弟妹三人来这里玩，并跟我们说，我们家祖辈几代，都没人上大学，你们有没有志气考上大学，考入厦门大学呀。今天，在共产党的领导下，我终于实现了母亲以及我们祖辈几代人的愿望，当上大学生了。真的，那个年代，大学的录取率并不高，考生中只有五分之一左右的人能被录取升大学。所以，能上大学，能作为一名大学生，不仅是你的福分，你的光荣，也是给你肩上压上了不容推卸的责任和义务，那就是要珍惜时光，好好学习，学好本领，将来为祖国和人民做出更大更多的贡献。

当时进厦大的学子中,不少人都是穷苦家庭出身的,大家生活俭朴,有的还赤脚上课呢。但大家都很团结友爱,学习气氛也很浓。由于我没念过高中,文化底子比同学们差。特别是外文和古文,更是差人家一大截。我们当时学的是俄语,记得俄语老师先做了个摸底测试,根据摸底成绩,我被编到俄语丙班也就是低级班,要从俄语的字母学起的。这虽无可奈何,但给我一个刺激,我意识到今后在学习征途上将要遇到比其他同学更多的困难。更让我感到不安的是,当时我们上体育课,体育课罗老师要测验大家 100 米短跑的成绩,我跑不到 50 米,竟然晕倒在地,经救护后,罗老师对我说,想不到你体质这么差,要怎么念完大学四年呢?是的,由于家庭经济状况不好,我的体质本来就不怎么好。再加上工作后为了考大学而加班苦读的折腾,体质就更虚弱了。就在我们入学的第二年,我们国家进入三年经济困难时期而出现物质的极端匮乏,许多同学因营养不良而得了水肿病。为了减轻学生的学习负担,学校采取半学习半休息的措施,并且多组织一些有益于学生身心健康的文娱体育活动。常言道,身体是革命的本钱。我更意识到像我这样虚弱的身体,如不采取有效的措施加速改观,怎能对付学习上的各种挑战呢?根据当时所处的环境和生活条件,我必须加强身体锻炼。首先是坚持晨跑和冷水擦身。那时正是冬天,每天早上一醒,我不赖床,马上就穿好衣服到室外校园里跑步,约半个小时回来后,喝水休息片刻,就用冷水洗脸擦身,如此长期坚持,还真显效。本来秋冬季节,是我感冒的频发期。从那年开始至今,我冬春季节就很少感冒过。因为晨练和冷水浴锻炼,白天一天下来,人不觉得困倦,还蛮有精神的。

我就先把学习的主攻方向定在俄语上,在俄语老师的指导下,我每天都抽出一定时间背俄语小词典,到图书馆阅览室就翻翻《真理报》等俄语报刊,这样坚持一年半后,我俄语水平有了比较明显的提高。这时,经俄语老师推荐,我参加了外文系俄语公共教研室吴主任亲自出题监考的过关考试,居然获得了好成绩,并被豁免修俄语。

其次是游泳。我是鼓浪屿海边长大的孩子,对游泳有兴趣,就是游不好。当时我表弟是厦大学生游泳队的干将,就教我学游泳。那时我们住在厦大医院隔壁的海滨宿舍楼,走出宿舍楼没几步就是海边。听说游泳是很好的运动,又有这么好的天然游泳场,我就下苦功学,天天练,就是风雨天也要下海去泡一泡游一游。这样坚持下来,颇有成效。后来参加测试和学校运动会比赛,居然得了名次,成绩还达到蛙泳国家三级运动员的标准,得到国家授予的等级运动员证书哩,还被学校吸收为学生游泳队二队的成员。毛主席畅游长江与风浪搏斗的壮举鼓舞着我。后来,我竟两次参加全市组织的环鼓浪屿岛的游泳活动,到福州参加从台江大桥到马尾的长游活动。游泳,不仅可锻炼身体增强体质,还能磨炼人们的顽强意志和斗争精神。这以后,我还多次骑自行车做长途旅行,先后从厦门到福州,厦门到汕头,厦门到长汀。体育锻炼是强身健体的法宝之一,我至今仍坚持不懈。这是后话。

再来是参与健康的文娱活动。上面说了,当时学校为了尽快恢复学生的体质,组织了许多文娱活动和比赛,我本不善唱歌演戏,但在老师和同学的鼓励下,我也参加一些文娱活动。记得当年学校举行一次各系规模的文艺比赛,我参加了我们系排演的小歌剧《斗歌夺榜》,居然夺得全校第一名,我个人还获得优秀演员的称号呢,后来,我成了系、校文艺活动积极分子,担任系学生会文娱部长,经常组织系文艺队上山下乡演出,受到好评。真的,健康的娱乐不但让人心胸开阔,乐观豁达,而且还培养自己的集体主义精神和审美的艺术情趣。

寻根究底——闽南文化学者群

俄语攻关成功后，接下来就转攻古汉语。在老师的指导下，我坚持背王力教授编的《古汉语常用字字典》，并多阅读古文，这样也取得不少成绩。我的学习方法是课前有时间的话就尽量先预习，上课集中精力注意听，复习时多动动脑子，碰到不懂的问题就问老师。学问学问，又学又问嘛。当时大学的考试是采用苏联的五分制。大学四年各科的考试总共近三十次，除第一学期的"文艺概论"我得四分外，其余都是五分，学习成绩挤进全年段的前列。

四年大学生活还留给我一笔宝贵的财富。就是我结交了一位知己——我同班的张振兴同学。张振兴是福建漳平人。个子不高，平日寡言少语，却朴实厚道，待人真诚，勤奋学习，脚踏实地。本来我们是同年段不同班的同学，后来因分出一个语言班，我们俩便都是语言班的同学，并住在同一宿舍里。我们常常一起去上课，下课一起到食堂吃饭，吃完后又一起回宿舍，晚上又经常同步去教室或图书阅览室复习功课，直到晚自修熄灯的钟声响才一起回宿舍。同学们都说我们俩是"裤头带缚相黏"（闽南话俗语）的一对。平时我们都争分夺秒努力学习，只有到星期天下午才休息半天，就是休息这半天，也一起步行3公里多到厦门中山路看个电影，逛逛街，然后吃顿两人都喜欢的炒粿条或蚝仔煎，最后又步行回校。平时两人交谈也很投机，对事物的看法多所见略同，他亲切地称我阿兄，我也疼爱地叫他老弟。慢慢就成了知己。在相处过程中，有几件事使我深受感动。那时，我因社会工作比较多，要参加排戏、游泳队训练，有时学生干部还开会，等等，常常延误吃饭时间，他都会替我先打好饭菜拿回宿舍，天气冷时还用衣服或棉被把盛在碗罐里的饭菜包裹起来。那时，我们每月粮食的定量是28斤，这对我来说是很不够的，于是每个假期回家，他都不向家里交粮票而把这些粮票留下来补贴我的饭食用。他学习的时间比我多一些，看的书也比我多，他总是把他读书看书的内容和体会毫无保留地与我分享。有一学期要考中国古代文学史，这门课的内容很多，一些名人的历史和相关事件也很复杂难记，临近考试时我又不幸患了红眼病，根本看不了书。我只能躺在床上，他就一连几天在我床边，把这门课应掌握的内容一遍又一遍地耐心讲给我听。后来这门课的考试我取得好成绩，应该说其中有一半是他的功劳。毕业后我留校任教，他分配到中国科学院（后改为中国社会科学院）语言研究所，曾任该所的研究员、博士生导师，《方言》学术刊物的常务主编，论著成果丰硕。其中参与主编的《中国汉语语言地图集》《现代汉语方言大词典》，享誉海内外。虽然我们兄弟俩南北相隔万里之遥，但仍心心相印，互相帮助，任何人在我们俩面前拨弄是非、传播各种谗言蜚语，我们都不相信。在人生学习、工作和生活的征途中，多交一个朋友就会多给自己开拓一条路子。人生得一知己，更是难能可贵。

三

1963 年夏，我以优异的成绩毕业于厦门大学，并留校在中文系语言教研室任教。最初我是参加修订《福建省汉语方言概况》的工作。后根据国家的有关规定和学校的安排，我参加农村社会主义教育工作队，进驻闽南南安县水头镇下店大队一年。在农村一年，我最大的收获有两个，一个是初步了解农村的现状，特别是不少农村还存在贫困和广大农民对脱贫致富的强烈要求。二是农村生活如此丰富多彩，是文学创作最丰富最宝贵的源泉，中国传统文化在农村扎下很深的根，我收集了许多方言、闽南歌谣、童谣、故事等材料。我跟农民一起排练节目演出，表演闽南民谣、故事等，还帮助当地青年农民组织文艺宣传队。1964 年夏回校后，系分配我当二年级学生的班主任并带队到云霄县和平农场进行半耕半读。

云霄和平农场地处山区,是当年革命老区,我听了当年民众跟党闹革命的许多可歌可泣的故事,深受感动,也收集了当地的歌谣、童谣、故事等作品。由于1965年5月开始了全国性的"文化大革命"运动,我们被提前召回学校。

"文化大革命"十年动乱期间,我主要做了两件事。第一件是组织毛泽东思想文艺宣传队。开始是先组织毛泽东思想文艺长征宣传队,有15人左右,大部分是学生,不分系别。这支宣传队从厦门沿漳州、龙岩一直步行到长汀,向沿途经过的村庄、矿区、街道的农民、工人和居民演出近30场的文艺节目,其中有些是我自编的小戏、故事、歌谣和曲艺说唱。这样,我们既避开了当时学校和社会存在的打砸抢、乱轰乱斗甚至武斗死伤人的乱象,又深入社会接受教育,还锻炼了大家的身体。回校后,我又联合经济系学生,组织了中文经济两系毛泽东思想文艺宣传队,到农村、工厂、街头、居民区以及军营里向工农兵做宣传演出,大概有近两年,演出了近百场的节目,其中不少节目也是我创作的。记得我根据当时报纸宣传山西一愚公式的农民组织当地民众改天换地的故事,创作了《王屋山下新愚公》小歌剧的台词剧本,演出后颇有影响。我也感受到了文艺的威力,因而对文学的兴趣加深了。

第二件事是参加教育的斗批改,参与工农兵学员试点班的教学。"文革"后期,原在校的学生都因分配工作而走光了,学校只剩下没下放而留校的教职工。各系都将这些教师组成各种教改小分队,分别到工厂、农村等单位,进行对原有教育制度与教学内容的斗批改工作,我先后到农村和工厂接受工农群众的再教育和高等学校教育的斗批改的讨论。由于受到"左"的干扰,闹了半天也没闹出什么名堂来,后来提出要招收工农兵学员进大学,要我担任写作课的教学工作。我认为高等教育有些课程比如中文系的写作课就必须理论与实践相结合才能学到真本领真知识,于是提出要带学生下去写福建前线民兵故事和厦门码头工人家史。真的，通过这两个题材的写作锻炼，教师和学生都有很大的收获，后经过教师对学生习作的加工润饰，我们的成果终于被福建人民出版社采用并编辑出版了《前线民兵故事》和《仇满鹭江潮》两本书。我根据《前线民兵故事》的一些素材，改编成歌颂毛主席人民战争的伟大思想的独幕话剧《海滨夜战》，并组织工农兵学员排练，在参加厦门市业余群众文艺演出后，想不到还获得创作一等奖和演出一等奖呢。我写的小故事《三考小秀英》经厦门市某业余作家改编成小戏，也由厦门市歌舞团排练后赴福建省参加演出并获得了奖。这样，我对文学创作的兴趣又进一步加深了。

不过，后来发生的两件事，又触动了我的心。一件事是"文革"结束不久，影坛上出现了一部电影叫《天云山传奇》的片子。当时在社会上引起了轰动。我连看三次，跟一些观众一样，认为是个好片子。可是也有一些相反的观点，认为是大毒草，致使片子遭停映封存。要不是后来胡耀邦、邓小平两位领导人出面平反并再度公映，不知作者还会被罗列多少罪名遭受厄运。我的直觉感受是：文学这碗饭也不好吃呀。第二件事是当时厦门市文化馆举办一次群众业余文艺汇演。当时有个小戏，名字我忘了。是写在秋收场上，农民们正忙着割稻。那天割到天黑，眼前还有许多稻子没割完，于是生产队长下令收工，待明天再割。这时田里只剩下一个妇女还在割稻，于是队长走过来劝她回家。谁知道这位妇女立即站起来挥手大声说道："不，不把我眼前这片稻子割完，我誓不回家。"好一个气吞山河的"豪言壮语"。队长因劝说无效就走了。不久，一位老太婆急匆匆跑来，对这位妇女说："你的小婴儿睡醒了直哭个不停，大概是肚子饿了吧，你回去喂个奶后交给我看顾，你再回到田里割稻。"可这位妇女又重复那句"豪言壮语"，大声喊道："孩子是个人小事，割稻是集体大事，不把眼前这片稻子割完我誓不回家。"

老太婆又说:"要不你把钥匙给我,我去开门把孩子抱来给你喂奶,再由我抱回去照顾。"这多么通情达理呀。可这位妇女就是不肯。看完这个戏,我心里很不舒服,在评议会上,厦门市文化局的某位领导居然为这个戏叫好,说它是文艺塑造英雄形象实现"三突出"的好戏,应给一等奖。我实在忍受不了,就起来反驳,我认为这个妇女没一点人性,谁家男人娶了这样的老婆要多受罪呀。我认为不能给奖,还得批判。两种意见针锋相对。我知道有几个评委用点头表示同意我的看法,只是不愿意出声表态而已。中间休息时刻,有人来劝我各退一步,给个二等奖吧。我不同意。但我坚持少数服从多数的议事原则。坚持保留我不能给奖的意见。看来,在文艺评论上,地雷也不少,文学不好搞啊。这时,上面来了个重要任务,要厦门大学编写一本《普通话闽南方言词典》,领导要我这个学语言的人归队揽这个重活。我只好暂时放弃我多年对文学的兴趣,回语言教研室受命。

四

《普通话闽南方言词典》最早是有关部门因对台工作需要请厦门大学来编写的。我们先收集资料,并做了一些整理的工作。1976 年,国家出版局根据在广州举行的全国词典编写工作会议的精神,制定了我国词典编写的长远规划,《普通话闽南方言词典》被福建人民出版社列入这个规划里,并将它交由厦门大学中文系负责编写。系领导就将这个工作交由我们语言教研室的洪笃仁副教授、陈亚川和我两位助教共三人承担。不久,系又接受了华东五省一市(江西省没参加)联合编写的《汉语大词典》一书,洪笃仁教授就调任《汉语大词典》福建编委会主编。陈亚川老师因爱人在北京而要求调动到北京工作也离开我系了。这样,《普通话闽南方言词典》这么一个几百万字的大工程就叫我一个小助教干了。我几次想打退堂鼓，系领导却多次找我谈话，鼓励我要勇于承担，积极想办法克服困难。我想起毛主席在七大闭幕词里提出要全党学习愚公精神，团结全国人民推翻三座大山的教导，又想起我前不久因编《王屋山下新愚公》小歌剧深受新愚公精神感动而迸发出来的那股劲，又看到了一些文章刊登平凡人也能干出不平凡的大事的故事，内心竟涌出一股"初生之犊不怕虎"和"明知山有虎，偏向虎山行"的冲动和勇气，立定决心要甩开膀子大干一场。

可是，眼前马上摆出来的这三大困难怎么办呢：一是没人，领导说，系现有的教师的教学工作量已超饱和，无法抽出人来，倒还希望我能挤出时间帮系里承担一些教学任务。要人你自己想办法。二是没钱，系经费有限，学校也无法给钱，也要我去找门路。三是没地方，学校可用的房子都安排满了，也要我想办法解决。这可是很现实呀。车到山前必有路。我在一些老师、朋友，特别是老弟张振兴的帮助下，凭着自己的一股热情和闯劲，说干就干。我向领导提出了几条建议。人，我想请领导给我开介绍信，出公文，让我找省委宣传部和闽南三地市教育、文化部门商调借人；钱，我找省出版局要审看；至于编写的地点，我在校园里四处巡游，发现学校大礼堂西侧钟楼的二楼有两间储藏间，目前没放多少东西，请学校能暂借我使用。这三条意见，立即得到学校和系领导的支持，但要求我一个人去办理。我那时就四十岁，正是血气方刚的年华，所以就不辞劳苦，勤跑勤磨，到处求援求助。虽然也得到不少单位的支持和帮助，可也遭遇到拒绝、推诿甚至避而不见等场面的尴尬和委屈，这时，我就用古人那句"故天将降大任于斯人也，必先苦其心志，劳其筋骨，饿其体肤，空乏其身，行拂乱其所为也，所以动心忍性，增益其所不能"来自我解嘲，自我安慰，并求得自我解脱，继续鼓起勇气干下去。也是老天不负有心人，经过半年努力，我们借调

在厦大运动场(周长楫供图)

了 7 人,其中有中学教师、文化工作者、干部等。省出版社也答应
给予适当的资助。学校除了把礼堂钟楼二楼的两间房间腾空借给
外,还同意给安装了一部电话,便于我们对外联络做调查用。顺便
说一句,当时学校一个系或一个处,一般也只能有一部电话,能给
我们一部电话是很好的了,它为我们对外联络搞调查提供了不少
的方便呀。当时,我系黄典诚教授因历史问题被处理,在集美厦大
农场劳动,经我再三呈请,领导也同意暂借使用。这样连我在内就
有 9 人,再聘用两三位临时工协助资料的整理和处理一些杂事,整
个编写组有 12 人左右,算是很不错的了。为了抢时间,赶进度,我
索性卷起铺盖住在学校礼堂二楼的编写办公室。妻子为了支持我
的工作,尽管她自己的工作也很忙,却甘愿挑起一家的重担,负责
照料我两个五六岁的儿女。由于我在编写工作中所做出的成绩,
经学校呈报,我也荣获福建省劳动模范的光荣称号。

校系领导的支持，有关单位慷慨无私的援助和妻子倾力的相助，我心存感恩，决心干出一点名堂来报效各方。于是我团结全体编写人员，任劳任怨，苦干实干。有事跟大家商量，征得大家同意，我们在厦门、泉州和漳州三地组织了十二个业余编写组，每个编写人员都分工负责一或两个业余编写组，以调查收集和核实更多的方言材料。经过两年多的艰苦努力，初稿出来了。在出版社的密切配合下，我们召开多次征求意见的讨论会，进行多次的修改，终于如期交付出版社。1983 年，《普通话闽南方言词典》正式出版了。出版后立即受到国内外学者、读者的关注。词典先后获得福建省首届图书奖的一等奖、国家首届图书奖的提名奖。编了这本书，我收获和感触也不少。我觉得语言表面看上去似乎有些枯燥无味，但只要你摸进去，有做一行爱一行钻一行的决心和坚持不懈的干劲、冲劲和闯劲，还真能窥视到它里面隐藏着无穷无尽的宝藏并有无限广阔的发展空间。

回想起当初编词典求教黄典诚教授时，他给我说了三句话。他说，要做语言学特别是方言学的研究，一是要耐得起枯燥和寂寞，不能期待一蹴而就，一举成名；二是要加倍下苦功，深入实际做调查研究，手脚、耳朵和嘴巴都要积极调动起来，先把自己的方言搞清楚；三是要多读书，特别要打好音韵学、训诂学、文字学的功底，要勤思考，敢创新。为了让我步入门道，他给我出的第一个作业就是用闽南话把《孟子》全文背下来，或者用闽南话熟读背诵一百首古诗词。别认为我是闽南人，要真叫我用闽南话的文读音背诵一百首古诗词还真不容易的。我知道这是基本功的训练，要下得了功夫。音韵学不仅术语多，而且音标符号也很复杂，有人称它是"天书"，可它又是搞方言研究必备的一门学问。什么算初步懂得音韵学？中国社会科学院语言研究所所长李荣教授说，最简单的检测方法就是《汉语方言调查字表》收进来的近 4000 个汉字，每个字在中古音(《切韵音系》)里的音韵地位你能记得住说得出来。黄典诚教授也是这么对我说的。这也是基本功训练。为了帮助我尽快做到这点,他提出每次见到我,就问我几个字,要我能很快回答他这几个字在《切韵》中的音韵地位。有一次我们俩过厦鼓轮渡,他指着码头上"轮渡码头"四个字,问我古音的音韵地位,我一口气就回答了,他高兴地点头称是。还有,他知道我准备给学生上音韵学的课,就提议要我把《汉语方言调查字表》里每个音节在《广韵》里的反切都抄一遍。要每教一次,就抄一遍。我前后一共抄了三遍,基本上把人们认为最难学的古反切初步弄懂了。俗话说得好,"台上一分钟,台下十年功"。学习的过程是枯燥而艰难辛苦的,可是当你掌握了这些基本功后就能豁然开朗,熟能生巧,就能透过方言的表面现象看透里面的本质特征,解决许多难题。后来,我编著《汉字古今音表》(中华书局),编写由李荣主编的《现代汉语大词典》分卷《厦门方言词典》(上海教育出版社),著作《厦门方言研究》(福建人民出版社等)以及撰写30几篇有关音韵学、方言学的论文,都能较好地完成任务,有些论文还有自己独特的见解。这些书或有些论文还分别得奖或收入摘编语言资料的刊物。黄典诚教授说做方言研究,要不怕吃苦、不畏艰难,要深入调查不断积累,要手勤脚快、耳朵灵、嘴巴动,我也认真做了。为了收集闽南方言更多的资料(包括闽南歌谣、民间故事、传说、地方戏曲的方言材料),到2002年,我跑遍了闽南厦泉漳三地24个县市,也到过闽南方言区所属的台湾、潮州、浙南、赣东北、粤西、海南以及新加坡、马来西亚等地区的一些县市做比较深入的方言调查。

关于调查研究,别看似乎简单,其实还有许多学问哩。比如你问调查对象,"成"字闽南话怎么说,一般人都只能回答"$sing^2$"这个读音,因为他马上会联想到这个字跟成功、成就、成熟等词联系在一起,可你要能问出"成"字还有"$ziaN^2$"(十八岁,成人略)、

在母校门口留影（周长楫供图）

"ciaN²"（你的查某囝成人未）、"siaN²"（即顶车八成新）来，就非得动脑筋想出许多方法才能问出来。再如普通话是说"一口井"，闽南话是怎么说的？我问了不少人，有"一口井"照搬普通话只换个闽南话读音的说法，还有"一粒井""一箍井""一块井""一个井""一沐井"等等说法的，我始终感到不够方言味因而不满意，脑子里老放着这个问题，差不多快两年了。偶然有一年夏天傍晚，我坐公交车回厦大，车在大生里时，听到两个上车的年轻人在对话，一个说："热死人了，天这么热，我家住高层，自来水上不去，两天都没冲澡了。浑身都发酸发臭了。"另一个回话说："你也不早说，我家那空井，真会出泉水，水可多呢。到我家冲澡去吧！""一空［kang¹］井"，够形象又充满方言味的。真是"踏破铁鞋无觅处，得来全不费功夫"。调查，要做有心人，要有细心、耐心和方法。还有一个例子。我出国到新加坡南洋理工大学中华语言文化中心做客座研究员。有一次到马来西亚做闽南童谣的田野调查。那天下午我在橡胶林里的一个村庄找到几个闽南籍华人做调查。我反复启示，双方谈得甚欢，收获不少。都快八点了，橡胶林里的飞虫叮在身上，浑身刺痒，陪同调查的同安会馆的秘书再三催促我们回去，说明天再来。这时，一位近八十岁的老人说他还有一首十二生肖的闽南童谣，我坚持要听完才走。只见他慢条斯理地念了出来。哇呀！四十八句，好长啊。在国内，我也收集了十二生肖的闽南童谣，一般是一个生肖一句，十二生肖十二句，有次偶然得到一个生肖两句，十二生肖二十四句的闽南童谣，我都高兴得跳了起来，想不到这里还有四十八句的，而且每四句说一个生肖，还包含《说唐》的一个故事呢。我认真的录音并用笔记录下来。他告诉我说，他曾祖辈早就来马来西亚，到他已是第四代了。这个童谣是祖辈一代代传下来的。那天晚上九点多，我们才回到宾馆。第三天，我在宾馆整理所调查的材料，发现这首十二生肖的童谣有几处我没弄很清楚，就打电话给同安会馆秘书，说我想再次跟那位老人见面或通电话询问。没想到秘书告诉我，老人昨天中午脑出血去世了。我很惋惜，但也为我那晚上因多坚持一下而抢救到这首童谣而庆幸。

"文革"后，我先担任本科班的教学工作，主要教"写作""现代汉语""音韵学""汉语方言学""汉语史"等课程。到上世纪90年代后，基本上只带汉语史硕士研究生了。我前后共带了9名研究生。我因在科研上有突出成绩先后获得两次校级科研奖，在教学方面，也先后获得两次校级教学奖和一次校级先进工作者的称号。我坚持对学生的培养教育，要以德为先，德才兼备。例如，我的一个研究生张××，学习不错，在商讨学位论文时，她接受承担一个比较难啃的课题。这个课题需要查找许多古籍，除福州、厦门外，还要跑北京、上海等地查找资料，还要将所得到的许多材料分门别类整理并理出头绪，确实比较辛苦，碰到的困难也不少。起先她也做得蛮好，后来看到其他研究生所做的学位论文比较容易，工作比较轻松，还有时间玩，于是她动摇了，想打退堂鼓，数次含泪请求我改换个比较好做的课题。我知道她是怕苦怕累，意志不坚强，就多次教育启发她，特别强调国家希望研究生将来毕业后要挑大梁，扛重任，要吃得了苦，经得起各种困难的考验，所以这次就要严格要求自己，我还耐心指导和具体帮助她怎么研究好这个课题。她终于坚定信心克服病痛和许多困难，写出了一篇比较有学术价值的论文，获得评审专家的好评。后来她要求到北京社科院语言研究所工作，在与几所高校竞争对手的竞争中，因她的论文略胜一筹而被录用。

此外，在职期间，我还兼任系工会的工作。在外还兼任全国汉语方言学会理事，全国汉语音韵研究会理事，福建省语言学会副会长，福建省辞书学会常务理事，福建省修辞学会常务理事，厦门语言学会会长。对所兼任的社会工作，我觉得这是组织和群众对我的信任和给予的荣誉，不值得骄傲和炫耀，只能低调而放下架子，尽力做好。

五

1999 年 9 月，我正式退休了。退休前一年，我应邀到台湾成功大学中文系当客座教授半年，退休后，又三次应新加坡南洋理工大学中华语言文化中心的邀请做客座研究员，共两年半。我在台湾期间，除教学外，还到台南的农村和彰化县的鹿港做方言调查，还收集不少闽南歌谣、童谣和褒歌的材料。新加坡南洋理工大学中华语言文化中心第一次请我做客座研究员的时间是半年，我抓紧时间，深入民间基层，认真调查新加坡的闽南话，并与周清海教授合作编写出版了《新加坡闽南话概说》(厦门大学出版社),回来不久,又再次邀请我到中心做客座研究员,时间一年,我继续深入调查,收集更多的材料,并再度与周清海教授合作,编写了《新加坡闽南话词典》(中国社会科学出版社),该书在社会有一定的反响。没想到回厦门不到半年,又接到该校中华语言文化中心的邀请,希望我能再去他们那里做一年的客座研究员。我勤跑民间,甚至到马来西亚一些城市、农村做闽南话俗语、歌谣的调查,还是跟周清海教授合作,写了《新加坡闽南话俗语歌谣选》(厦门大学出版社)。回国前,研究中心领导跟我交谈,说我工作刻苦努力,三次来这里都出了成果,中心的同事都很敬佩与尊重我。

从 2002 年开始,我就在厦门过退休生活了。但基本上还是退而不休。因为出于对党和政府对我辛苦栽培的感恩以及我对音韵、方言特别是闽南方言的热爱与执着,我还是闲不下来。我主要做三件事。一是继续做闽南方言的研究;二是做闽南文化的保护、传承工作,其中花较多时间是做闽南童谣的保护传承工作;三是注意身体锻炼。

2002 年,我承担"十一五"国家重点图书出版规划的一个项目,主编《闽南方言大词典》,由我和泉州华侨大学的王建设教授、漳州方志办的副编审陈荣翰分别负责厦门、泉州和漳州三地闽南话词语的编写工作,历时 5 年,共 221 万字,于 2006 年 12 月出版(福建人民出版社);该书荣获国家出版协会的图书奖。接着,又于2007 年承担"十二五"国家重点图书出版规划的一个项目,主编《闽南方言俗语大词典》,由我和泉州师院的林华东教授、漳州方志办的副编审陈荣翰分别负责厦门、泉州和漳州三地闽南话俗语的编写工作,历时 5 年,共 149 万字,于 2014 年 8 月出版(福建人民出版社)。目前,又接受国家重点图书出版规划的一个项目,主编《两岸闽南话大词典》,这部大词典除涵盖厦门、泉州、漳州和台湾闽南话的词语外，还包括福建莆仙闽南话，广东潮汕闽南话，粤西闽南话，海南闽南话，浙南闽南话，赣东北闽南话和海外闽南话，估计 400 万字。我还利用自己积累的方言材料，编写了《闽南方言韵书》（2015 年鹭江出版社），38 万字。此外，还于 2011 年开始在厦大开设通识课"闽南方言与文化"，2014 年，北京国际广播出版社约稿将该课程的教材出版成书，18 万字。

二是做好闽南文化的保护、传承工作。2016 年，国务院批转文化部出台的《关于建立闽南文化生态保护区》的文件。也就是说，在汉语里那么多的方言与文化中，闽南方言及其文化是第一个由国家提出来要保护和传承的。其意义自不必说。为此，福建省政府和厦门、泉州、漳州三地的政府都分别制定了闽南文化生态保护区的规划。其中特别提出闽南方言及其文化的保护和传承必须从小抓起，闽南方言及其文化要进校园、进课堂，要营造全社会都来保护和传承闽南方言及其文化的环境。受厦门市教育局语委办、文化局非物质文化遗产保护中心和厦门市闽南文化研究会的委托、支持帮助，我组织十几位有经验的中小学和幼儿园教师参加教材编写，由我担任主编，经过大家的努力，很快就出齐了从幼儿园到初中的《闽南方言与文化》乡土教材 5 本（幼儿园 1 本，小学低、中、高年级各 1 本，初中 1 本）及相配套的教师教学参考书 4 本（幼儿园 1 本，小学低、中年级 1 本，高年级 1 本，初中 1 本）并全部配录音光盘。接着是培训教师，从 2008 年至 2017，我们每年暑假都办教师培训班，请台湾有闽南话教学经验的专家或老师来跟我们这里的专家老师一起教学。11 年来，共举办 13 期以上的培训班，培训教师近 1200 人次，并多次组织闽南方言与文化教学经验观摩会。为了办好这些工作，我虽然年过七十，但和大家团结合作，并亲力亲为，做了许多艰苦而细致的组织工作，并认真备课授课。为了更好地宣传闽南方言与文化，在厦门卫视的邀请下，我从

2006年至2012年,连续六年在厦门卫视"闽南通"节目里做"趣味闽南话"专栏的嘉宾,每周5次,每次10分钟,分别宣讲闽南童谣、闽南俗语、闽南话字词趣闻、古诗词闽南话诵读解说等,受到广泛好评。我还长期在"闽南之声"每周日主持一档古诗词闽南话诵读解说,并整理出版《闽南话诵读解说唐诗一百首》(鹭江出版社),15万字。我特别喜欢闽南童谣,无论是在职时下乡或每年各地宣传演出,自己都登台表演闽南童谣、说唱,做方言调查时认真收集童谣。2007年,我被福建省人民政府授予福建省闽南童谣代表性传承人的称号后,更是注意闽南童谣传帮带的工作。如举办闽南童谣讲座和做电视、广播节目,积极编选闽南童谣进幼儿园、小学的《闽南方言与文化》的乡土教材里,培训年轻的闽南童谣传承人。还将几十年来收集整理的闽南童谣编著出版了《闽南童谣500首》(鹭江出版社),56万字。其实该书收集的童谣如《天乌乌》就有19个版本19篇,最少一首只有6句,最长一首56句,但只算一篇,所以实际收录的童谣应在800首左右,是目前两岸所出版的闽南童谣书籍中收录童谣最多,注音注释比较详细,每首都亲自录音做成光盘的一本书。

为做好这些工作,我常常一天要坚持工作五六小时。我认为,成绩只能说明过去,不值得老夸耀。重要的是要发挥余热,要多为社会做点贡献。为此,我更要注意锻炼身体,养生保健。要做力所能及的活动,为人处事要乐观豁达。我经常步行,找朋友聊天,参加厦大老年大学的国标舞班学习,还喜欢诵读古诗词,陶冶心性。前些年,我还为厦大老年大学改编创作了诗朗诵《陈嘉庚》,亲自扮演陈嘉庚登台表演,该节目在省市老年大学文艺会演中还获得一等奖呢。如今,我已是八十出头的老人了。我的理念是:与时代一起前进,与人民一道共逐中国梦,为创造祖国美好的明天,生命不止,战斗不息!

彭
一
万

闽南人文科普的推手

简介：彭一万，男，1936 年 11 月生，厦门人，毕业于福建师范大学中文系。曾任厦门市文化局局长、厦门市旅游局副局长，现任厦门市政协特邀研究员、福建省社科联委员。研究方向为闽南文化，主要著作有：《厦门旅游指南》《神州旅情》《异国游踪》《师友剪影录》《友谊地久天长》《诗游厦门》《厦门音乐名家》《厦门跨海情缘》《鼓浪屿音乐》等。2014 年 7 月被评选为"全国优秀社会科学普及专家"。

讲到我为什么会多年专注于闽南民俗文化的研究，是因为我从小就在这个氛围里长大。大家都知道文化是一个城市的灵魂。闽南文化有更多的民间习俗、仪式活动等。北方的城市没有像我们南方地区那么多神明，所以民俗活动相对来说比较少。为什么几千年来民间习俗活动一直在动态传承，是因为它有着精神文化的传承和物质文化的传承。

但是，现在很多闽南文化元素都被忽略甚至是遗忘，主要有两个原因，一方面是"文化大革命"时期的破坏，另一方面是由于城市建设的影响。我总是感叹厦门这个地方在文化留存上很可惜，因为"文化大革命"前和"文化大革命"后真的太不一样了。按道理来说，如果我们真正地重视文化的保留，在城市建设时，就不应该一味地去"毁旧立新",而是应该给它移一下位置,给予修缮和保护。这里说到物质文化的传承,关于厦门不得不说一下钟表,钟表的发明者,是同安人苏颂。苏颂发明钟表比欧洲人整整早了500多年,这些都是鲜为人知的厦门往事。当时苏颂所制作的水运仪象台,是世界上最早的天文时钟。

谈起厦门的历史名人,大家对郑成功和陈嘉庚比较熟悉,而苏颂却很少被家乡人提起。这位开创世界钟表先河的北宋宰相苏颂,是厦门人的骄傲,他个人的经历也是挺传奇的。他出生于厦门同安,23岁中进士以后,从一个地方的小官一直做到宰相,经历了5个皇帝。而且他在政治上有所建树,最关键的是他确实爱民如子,清正廉明。在科学创造方面敢为天下先的精神,与闽南人"爱拼才会赢"的精神也是相契合的。

1985年7月,于集美为香港师生夏令营讲课

苏颂建造的水运仪象台,作为世界上第一座天文时钟,集天象观察、演示和报时三种功能于一体。公元1086年,苏颂奉宋哲宗的诏命,组织了一批科学家开始设计水运仪象台,历时3年终于告

成。近代钟表关键部件"天关"(即擒拿器)也是在那时发明的。能够发明水运仪象台,这都得益于苏颂曾在宋朝的文史馆和集贤院任职九年,工作提供了方便,让他每天能接触到皇家收藏的许多重要典籍和资料,其中不少是稀世珍本。经过长期的积累,苏颂的学识变得更加渊博,精通丰富的天文、数学、机械学等知识。

英国科技史专家李约瑟博士也证实了厦门人最早发明了钟表这个说法,他曾在著作中写道:"苏颂把时钟机械和观测用浑仪结合起来,在原理上已经完全成功。他比罗伯特·胡克先行了6个世纪,比方和斐(与胡克同被西方认为是天文钟表的发明人)先行7个半世纪。"

令人遗憾的是,苏颂的水运仪象台最终没能保存下来。金兵攻打开封的时候,将水运仪象台等重要仪器缴获,企图运回燕京使用。行驶途中,很多零部件遭到损坏,于是水运仪象台只能成为历史的一个记载,被人们遗忘。好在苏颂撰写的著作《新仪象法要》有幸被保留下来,使后来的复制有所依据。

值得高兴的是,同安区政府已经斥资1000万元,对水运仪象台进行完整的复原,放置在新建造的苏颂纪念馆中展览,也举行过大型的纪念苏颂仪式和活动,每年都举办苏颂文化节,这便是历史文化的传承。可我们不禁又会问:"既然是历史,又是厦门往事,为什么会有这么多闽南人、厦门本地人不知道,甚至是从未听闻?"如果有人知道,并且口口相传,那么一传十、十传百,这段历史在闽南就不会是被掩埋的秘密了。

语言是闽南文化的重要载体,大部分的闽南人对于闽南话是再熟悉不过的了,而上至百岁老翁下至黄口小儿都知道闽南"讲古"的历史,也就是大家熟知的说书,讲故事。厦门以前是一个"讲古"的地方,讲了许多"古早"(闽南话方言)的历史和名人趣事,所以厦门过去有很多"讲古场"。现在的年轻人大多没有见过了,因

寻根究底——闽南文化学者群

1992 年 3 月拜访马来西亚槟州首席部长许子根先生

为在"文化大革命"时期被"破四旧"给破坏了。那时"讲古场"门口会排放着几个小的茶桌子,有讲故事的人,有听故事的人,无论是下雨天,还是炎热的三伏天,他们都会一如既往地一边喝着铁观音茶,一边讲故事、听故事。有人会私下谈论,也有人会三五成群地讨论。当年,这种独特的文化圈子在厦门是非常普遍的,厦门人俗称"茶桌子"(闽南方言)。后来这样的民俗活动流传到了台湾,至今台湾还保留了不少。

在讲古场里,留住市民的不仅是那些耐人听闻的历史文化趣事,更有那香醇甘口的茶水。我们都知道安溪铁观音、海上丝绸之路起点地泉州,却独独不知厦门这个美丽的海滨之城是海上茶叶之路的起点。海上丝绸之路其实是按照阶段而分的,一个阶段是丝绸之路,一个阶段是陶瓷之路,一个阶段是茶叶之路。我曾经研究过几个国家的资料,其中都表明茶叶贸易的影响更大、更普遍。因为丝绸的使用者肯定是贵族居多,而茶叶的使用人群覆盖面更广。我曾经在中国《农业考古》中国茶文化专号 2013 年第 2 期发

1995 年 10 月访问新加坡怡和轩俱乐部与孙炳炎先生合影

表过《厦门——海上茶叶之路的起点》长篇论文，却引来泉州地区和宁波地区学者的一片炮轰，他们更多的是质疑我的观点。以泉州市政协陈副主席为首的人就提出，泉州在宋元时期就已是丝绸之路了，如何厦门会是海上茶叶之路的起点。宁波市茶文化促进会会长竺济法同志说，据记载，在唐朝时期，日本和尚从宁波带了茶籽、茶苗回日本栽种。坏就坏在茶籽、茶苗和栽种技艺，都被人家拿走了。当时我们多么没有知识产权保护意识啊！按照习近平总书记讲的话：丝绸之路是一条经济长廊，贸易通商之道。其中也有文化交流，但单有文化交流又搞不成一条什么之路，"路"是要有大规模的企业、大规模地通商，才能形成一条路。这给我当时对于"海上茶叶之路的起点"的研究探索增强了信心。

这里的"海上茶叶之路"指的是，17 世纪初开始的通过海上运输进行的全球性茶叶贸易活动，以外国人持续、大量订购中国茶叶，中国茶叶经常、大宗地从海港出口，中国茶成为世界性饮品为标志，"起点"是指起航港，以区别于海上丝绸之路和海上陶瓷之路。

为此,我在国内外的好几个图书馆里翻找了众多书籍,得到了国内外 10 来位专家的论证资料。其中就有,1660 年,英国著名茶商托马斯·卡洛韦出版的《茶叶的种植、质量和品质》一书中说:"英国的茶叶,起初是东印度公司从厦门引进的。"1721 年,苏格兰诗人林萨的《茶歌》写道:"信嘉乡之殊珍兮,而百草之尤;称绿茶兮,武夷之名最优。"可见,当时英国东印度公司是从厦门引进武夷茶和安溪茶。福建民间盛传:当年英国商人也曾直接到武夷山购茶,成交之后,询问中国茶商要从什么地方装船运回英国?茶商是一位福州人,不会讲英文,比手画脚地用福州话讲:"Amoy"(福州方言)。原来福州话管厦门叫"Amoy",英国人就记下了"Amoy",就是厦门。其实厦门的英语是福州音,如果用厦门话就是"厦门"(厦门方言)。所以由此可见,英国商人的茶叶真的是从厦门运出去的。其中还有一个很重要的人物,塞舌尔·包罗,在厦门做过海关税务司,就是海关关长,他的爸爸是宁波的海关关长,包罗出生在宁波,长到十几岁回到英国去读书,读完后又回到中国,在好几个城市当过海关关长,最后回到厦门,担任 1905—1908 年的厦门海关关长。他写了一本书《厦门》,书中的"贸易"中有一段话讲道:"厦门原是昔日中国第一个出口茶叶的口岸,茶叶的英语'Tea',起源于厦门的方言'茶—dei'(厦门方言),这是因为荷兰人最早从厦门这个地方得到茶叶,并把它介绍到欧洲的缘故。"欧洲各国除了葡萄牙以外,其他各国均模拟厦门方言翻译"茶"这个词。而来自福建各地转运到厦门出口的茶叶,统称"厦门乌龙茶",所以乌龙茶的英语译名也根据厦门方言读音译为"oolong tea",工夫茶译为"congou tea",这是明末清初厦门与英国之间进行茶叶贸易的最好见证。

美国著名亚洲史、华侨史专家利埃弗德拉·威廉斯教授,曾经在美国驻中国机构工作多年。他在《中国商务指南》一书中指出:

"17世纪初，厦门商人在明朝廷禁令森严之下，仍然把茶叶运往西洋各地。1610年，荷兰商人在爪哇万丹首次购到了由厦门商人运去的茶叶。"这是西方人从东方殖民地转运茶叶的开始，也是我国向西欧输出茶叶的开始。而荷兰人成为最早购买茶叶运往欧洲的人。17世纪初荷兰著名医师克拉斯·迪鲁库恩则是第一个热情推广饮茶的西方人。他在《医学论》一书中，着力描写了茶的药用效果，甚至说世界上什么东西都比不上茶，茶可以疗病，更可以使人长寿。这对茶叶向西方传播起到了积极作用。西方人为了寻求强健体魄的妙方，经过谨慎选择，最终选定了中国茶叶，于是，茶叶被欧洲人誉为"茶中的香槟酒""茶中的鲜咖啡"。

1885年到厦门传教的美国传教士毕腓力在《厦门纵横——一个中国首批开埠城市的史事》一书中写道："作为商业中心，厦门的地位始终很高，大部分的茶叶是从台湾运到厦门，并在厦门转口。……厦门港最兴盛时期，商船一次运出1000吨的茶叶到旧金山、温哥华等地，并非罕见。"毕腓力还在序文中说："厦门献给英文的两个词，就足以使这个地方流芳百世。"其中一个词就是"茶"，另一个是"Satin"，缎子。他说："英语的'tea'起源于厦门。"看来，不管是英国的商人还是美国的传教士，乃至学者等等一些人，都以事实为依据，异口同声地说：厦门是海上茶叶之路的起点。

中国学者也有此论证。清代思想家、史学家魏源的《海国图志》等书，记载福建茶叶开始外销始于明代万历年间，即16世纪末至17世纪初，当时，厦门港正好取代衰落闭港的泉州后诸港和漳州月港。在徐晓望主编的《福建通史》第四卷中，谈及清朝厦门兴盛的两个原因：一个是英国商人前来采购茶叶，一个是厦门是闽南商人到东南亚贸易的主要口岸。

有人会问当时为什么会在厦门形成这样一个重要的贸易口岸？

1661年是茶叶饮品在欧洲兴盛的转折点,也就是郑成功准备收复台湾的那个时期。在这之前,茶叶只是作为中国丝绸、瓷器出口的附属品,并未形成规模。然而在葡萄牙公主凯瑟琳下嫁于英国查理二世时,由于她是茶的嗜好者,嫁妆中就有一套精美的中国茶具和221磅茶叶。举行婚礼之际,茶叶亮相,被正式而隆重地引入英国皇室。具有"饮茶皇后"美誉的凯瑟琳又在英国大力倡导饮茶,使茶成为全国性的新型饮料,英国因而对茶叶的需求量迅猛增长。还有一点是厦门自然环境的优势,英国侵略中国,强行开辟"五口通商",而"广厦福宁上"中只有厦门是海港,其他均是江港,这是厦门会成为主要贸易口岸及海上茶叶之路的起点的原因。

在厦门,我们讲到茶叶,就不得不讲到厦门闽南小吃中一种离不开茶的特色餐食——"肉骨茶"(排骨茶)。相传"肉骨茶"的产生,来源于闽南人"爱拼才会赢"的精神。

闽南人被人认为是"中国海上马车夫",因为海上风波危险,其他省很少人驾着船在海上到处跑,而闽南人大多出海打拼。其实闽南人民居住在海边应该是很富裕的,但由于当时比较贫穷,没办法生活,所以非得到海上去谋生不可。记得小时候因为生活的贫穷,我的祖父和父亲也到厦门港口当过搬运工人。当时的生活真的是很艰苦的,但闽南人有一个优点,就是吃苦耐劳。为什么我们华侨这么多?就是因为他们能吃苦耐劳。公元1818年,中国第一条大型的木头帆船,载了货物,船上还有同安一批准备到海外打拼的闽南人,出发到了新加坡。一到那边去,发现那边比老家好,那里的排骨很多,因为外国人不吃,都要拿去丢掉。我们的人说:"那好,给我们吃。"大家就拿回去配饭,刚好又带了乌龙茶,后来又把中国的枸杞等一些药材放进去,这么弄一下,这个排骨茶(肉骨茶)就变成了新加坡普遍的民间餐食。后来,马来西亚把它变成了一个大产业,肉骨茶伴手礼,就是那个地区的特产,它掺入更多的中药,更营养更好吃。这个故事一段一段传下来,排骨成茶配,你说是不是很特别,也说明当时的闽南人具有吃苦耐劳、浪迹天涯的精神。

2002 年 10 月访问希腊科学研究院

前面我们说到闽南文化的载体是语言——闽南语,为什么这样说?因为语言是直接传递信息的载体。除了之前讲到的,闽南语体现在说书、讲故事外,还有一点最重要的,是体现在民间艺术中。怎么体现的?那就是闽南戏曲,如歌仔戏、高甲戏、木偶戏、南音等非物质文化遗产。在闽南的许多地区,如果你见到有戏曲、木偶戏之类的表演活动,那大部分是这个地区正在进行祭拜活动,演戏酬神。我们知道闽南文化跟其他地方不一样,它有更多的仪式,特别是习俗活动中的民俗信仰,人民信仰什么?神明。而北方没有那么多的神。闽南人有妈祖信仰、保生大帝信仰、土地公信仰、各种王爷信仰等。闽南民间信仰不是单一的、少量的,闽南几乎家家户户都信仰过这些神明,厦、漳、泉更有"三步一庙、五步一宫"的说法。

在厦门,不管是本地神(在本地成神),例如保生大帝、池王爷等,还是外地神,例如关帝爷、杨二郎神等,都会得到闽南人民虔诚的信仰。荷兰人曾经到厦门进行传教,但是失败了,因为语言不通。在清代,如果外来的传教士要进行传教,必须到先厦门鼓浪屿进行闽南语与闽南文化的学习,因为语言是最接近社会现实的。民间就是这样的,如果大家信仰它,不管来自本地、外地,都会成为本地人信仰的神明。

但是我觉得民间信仰不能只停留在拜拜的层面上,如果只停留在拜拜上,大多会成为迷信活动。闽南地区有普度的习俗,也俗称"鬼节",是在农历七月份,但每个地段的时间又不同。在这一天,民间会进行敬鬼敬神的祭拜活动。这是一种习俗活动,关怀弱势群体,但是需要以更好的文化艺术活动去充实它、发扬它。就如厦门 4 月 18 日的保生大帝文化节,一方面是民间信仰,一方面是从文化学术上考虑,弘扬慈怀济世的精神。保生大帝文化节,是把信仰提升到一个文化层面,加入诗词歌赋、舞蹈、戏剧、影视,开展学术研究,进行两岸交流,保留祭祀活动,领略它的精神。

这是现在一部分闽南文化的一种氛围,它就出现在我们身边。根据调查,台湾的妈祖信众有 1500 多万人,而保生大帝信众有 500 多万人。福建闽南地区的民众信仰妈祖、保生大帝,台湾人民也信仰妈祖、保生大帝,共同的信仰可以增加闽台人民之间的感情,民间信仰就上升到闽台情缘这一层面。1988 年以来,台湾的"台独"活动猖獗一时,为了从历史上、现实上论证闽台的密切关系,促进海峡两岸民间旅游活动的蓬勃发展,从而推动祖国统一大业的实现,我根据大量史料,提出了"闽台关系八缘说",即史缘久、地缘近、血缘亲、文缘深、语缘通、俗缘同、神缘合、商缘广。闽台神缘,主要体现在两省的民间信仰相同。台湾民间信仰的神祇,80%是从福建分灵去的,台湾 70%以上的居民,历史上是从闽南迁移过去的。宗教、宗亲文化旅游活动,是台胞寻根认祖的重要方式。

一些曾经参加过这种寻亲活动的台胞感慨地说："原来，我们的根就在大陆,台湾宗教文化的源头就在这块大地上!"近来由于闽台的密切关系,又由于台湾海峡两岸关系的松动,台湾成为福建、厦门第一位的旅游客源市场,适时地开展商务旅游、探亲旅游、朝圣旅游、观光旅游、文化旅游等。而保生大帝文化节这样一系列的文化活动,不仅是把民俗提升到一个文化层面,也会带动当地的旅游发展。

2006 年 11 月与胡友义先生在家中合影

在开展这些活动时,我们需要清楚旅游图的是什么？图的是文化,是精神。每到一个地方游玩,我们要看的不仅是令人赏心悦目的景色,还有这个地方所拥有的文化内涵、人文精神。大家都知道郑成功、陈嘉庚在厦门很出名,都来参观旅游,但都不了解他们为什么让大家尊敬、崇拜,那这样的旅游是没有深意的。例如大家来参加保生大帝文化节,我们让大家了解了保生大帝信仰,关于保生大帝的闽南文化,同时也弘扬保生大帝慈怀济世的精神,要表达的就是这个意思。1987 年,香港举办了一个博览会,我也去参加了这个博览会,我用了"请到钟表鼻祖故乡游"这样的一个主题去参加博览会。大家就很惊讶,"钟表鼻祖故乡"? 也就会很好奇这个故事,就这样既会让大家想知道钟表鼻祖苏颂的故事,也会让大家想到厦门同安旅游一探究竟,继而带动同安当地的旅游。

让我们通过闽南文化,永远看得见山,望得见水,留得住乡愁。2015 年 3 月 4 日,习近平总书记在全国政协十二届三次会议上说:"闽南文化作为两岸文化交流的重要部分,大有文章可做。"这一指示给福建、闽南、厦门出了大题目,为对台文化交流合作指引了新方向。这对我们是个很大的鼓舞,我们必须以此大做文章,将厦门对台文化交流与合作提升到新的水平,并为建设 21 世纪海上丝绸之路做出贡献。

石奕龙

在民俗学的砂岩层掸动刷子

简介：石奕龙，毕业于厦门大学人类学研究所中国民族史专业，历史学硕士。教授、博士生导师。曾任厦门大学人类学研究中心主任、福建民俗学会副会长、厦门市闽南文化研究会副会长、厦门市中华传统文化研究会副会长等。主要从事文化人类学、历史人类学、宗教人类学、民俗学、应用人类学和中国民族史的教学与科研。先后主持了2项国家社会科学基金项目，1项教育部人文社科项目，参与多项国家社科基金重大项目和国际合作项目的研究。在《中国社会科学》英文版、《新华文摘》等刊物上发表学术论文300多篇。

访者：石老师，您可以和我们说说您所研究的一些传统习俗吗？

石奕龙：可以啊！平时从事人类学研究，我们就会到一个村子，在村子里会待很久，这样就会碰到一些节日。节日研究什么具体内容就看具体情况了，有时还会由此扩展开来。比如说端午节，我们厦门市中华传统文化研究会和集美区政府做端午节论坛，每次论坛都要写一些东西。一到这时，首先就是翻阅那些老的县志、地方志，但是，县志一般都以县城为点然后简单介绍该地的风俗习惯，不论是民国时期以前的还是现在的都如此，它也就有那么几项事项,如人们在门上悬挂菖蒲、艾草、榕枝与桃枝等避邪驱毒;在有江河湖海的地方,端午节还有竞渡,有的解释这是为纪念屈原,但如果溯源的话,并非如此,而可能是驱邪避毒为主,纪念屈原是后来人们慢慢建构与添加进去的内容。在南方,端午节在门上悬挂的驱毒、驱邪物与北方有些差异,如榕树枝、桃枝等;此外端午节还有一些小孩的娱乐活动,人们认为在端午节的午时可以将生蛋立起来,所以在午时许多小孩乐此不疲,并相互竞赛。我们闽南地区和北方还有一点差别,端午节北方老人会在子女头上戴石榴花,以祈求子女平安富贵。而厦门到农历五月份时石榴花已经开败了,都结果了,所以这习俗就不能用在闽南地区。现如今,端午节已经没有什么过节的气氛了,早年的"扒龙船"竞赛、抓鸭子比赛等已经渐渐淡出人们的生活了。政府过去只是偶尔组织一次赛龙舟,而现在由集美区每年举办一次龙舟赛,因此就没有什么吸引力。

习俗会随环境的适应而做出适当的改变。从俗的角度讲,也可以说是从文化人类学的角度讲,研究文化的一种前提是去研究文化因素如何适应这个环境的变化。当今环境在变化,在城市里,菖蒲、艾草基本找不到了,只能去买。每年端午我还是会去买一束艾草、菖蒲挂于门口。现在的城市社会中,已很少有人会在意或特地保留这种文化,像现在城里的年轻人知道"端午节"这个节日,只是因为粽子。但实际上,我们闽南民间的很多地方并没有在端午吃粽子的习俗。我以前曾在同安过过端午节,他们(同安居民)在端午节是不包粽子的,而是做"炸枣""柴梳包"("炸壳"或"炸饺")作为节日的仪式食品,在七月半才绑粽。

参与传统民俗活动,大部分是因为传统的文化需要传承。像我们这种住在厦大宿舍楼里面的家庭以前多没有这种习惯。以前我住在厦大校园里头的时候,附近有些厦门本地人在端午节、七月半中元节的时候都会烧香拜拜。也就是说,即便像在厦大这样的

2009 年带学生到沙坡尾调查（石奕龙供图）

知识分子成堆的地方或者来自全国各地的知识分子集中的地方，
有些本地人如厦门人还会特意去保留一些传统习俗，但不是所有
人都会去保留。因为厦大这种区域跟厦门市的其他区域不太一
样，这里大部分是外来人。厦大的老师在宿舍楼里头多不会去烧
香拜拜，只有那些闽南籍的厦大老师可能会弄一弄。当然，既然我
是做人类学、民俗学研究的，就凑一凑热闹，到了某种节日，也按传
统的习俗做一做仪式。这样你就有一些切身体会，如果你的孩子
以后也照此办了，也许这就是一种文化的传承。当然，有的并不一
定，比如说对逝世老人的祭祀，这种仪式不一定算是为了文化的传
承才去从事的。老人过世了，大家都会去做祭祀，这是传统使然，
人们自然会去做，当然一些传统的礼数你不一定清楚。最近文化
部在调查整理中国的节日志，其中北京联合大学承担了一个清明
节的节日志项目，是全国性的。他们对闽南地区，如厦门的情况不
太了解，就请了中国民俗学学会的秘书长帮忙找人来写，我也是中

国民俗学学会的理事,所以秘书长找到我,请我帮他们写闽南人的清明节的习俗。我说可以啊！因为我对闽南地方的这些民俗比较熟悉,以前也写过一些类似的文章。这个研究还需要照片与摄像,以便保留当下扫墓、祭祀的实际情况。我们清明节都会去上坟扫墓,过去各个村子都有自己的墓地,有的人因为找风水的关系可能会葬得很远,但现在情况有所变化。现在不允许私人去山上的祖坟扫墓、烧香祭拜,一是土葬占地,一是怕引起山林火灾。所以现在除了个别宗族历史上的开基祖祖墓外,多去公墓地祭扫,当然,公墓地有村落自己的,有厦门市的,如过去的薛岭,现在的天马山、安乐园等,另外还有南普陀的普同塔。过去的公墓中葬的是棺木,而现在都葬骨灰,这也是变化。葬骨灰的习俗源于佛教,所以在早期只有南普陀是火葬,小时候,我见过,他们用的是竖棺,亡者坐在里面,用木柴烧,过去只有两类人火葬,其他人都土葬,火葬的人一是和尚,一是信佛的居士。其骨灰都放在南普陀右边的普同塔中,高僧才有独立的佛塔,如南普陀后山上的"转逢和尚塔"等。后来全面实行火葬后,公墓中有骨灰室放骨灰,也有人在公墓园中买地葬骨灰。所以现代的公墓中葬的多为骨灰。上坟祭拜当然还是遵从传统,先打扫一下墓园,为坟包盖上五色纸,表示为"墓"这一先人的"阴宅"添砖加瓦。祭拜时,先祭墓园的"土地公"或"后土",甚至有的还有"龙神",然后再祭祀先人,上香、上供、奠酒、叩头或鞠躬都随后人的愿,在香将燃尽时,再烧金银纸钱。过去祭土地公时烧金,而祭祖先时烧"大银",现在,有的人在祭祖时也烧金纸,一方面反映人们认为金纸比银纸贵重,即金纸可代表较多的银纸,另外,也有将先人当作神明来对待的意义。所以,我们研究一些事物时,首先要了解事实,即实际发生的情况如何,如有自己的体验就更能了解事实了。其次,需要比较,比较有两种,一是与历史事实比较,也就是看它的历时变迁情况,二是与其他地区做比较,这可以看出不同区域文化的差别来，所以做研究，需要对一个族群的文化有精深的了解，也需要有历史深度和空间的广度，这样你才可以看到所谓的传统的东西，你也可以看到传统仍在继续延续，但会有所变化，并不是说文化传承是纯粹地传承旧有形式。

访者：您对其他方面还做过什么研究？

石奕龙：哦！我对闽台的"迎王送王仪式"研究得比较多，也看到这方面研究存在着许多与事实不符的地方。

我们闽南民间现在所说的"烧王船"仪式或"闽台送王船""王船祭"虽已纳入国家级非物质文化遗产名录，但这种仪式应该称之为"闽台迎王送王仪式"比较准确。它是闽南人某些地方的宗教实践，其仪式过程通常如下：某个水边的村镇，在定期的某个时间点里，从水边请一尊或几尊"客王"（代天巡狩王爷）到该地巡守、镇守一段时间后，制作一艘纯木的王爷船或木骨纸糊的王爷船将请来的代天巡狩王爷送走。过去送王的方式有两种，一是木制的王船可以放水中流走，此谓"游地河"；一是焚化王船（木制或纸糊的），此称"游天河"。所以单称烧王船不太准确。当然现代都用焚化的形式，而少有"游地河"的形式。其次，所迎的王爷也称其为代天巡狩王爷、代巡、大总巡、千岁等，因为仪式中的王爷都是从外面迎来的，故称"客王"。

说是闽南人某些地方的宗教实践，是因为在明清时期，这种仪式主要分布在闽南地区的厦门湾中和泉州湾中，台湾则分布于南部地区，也就是台湾中部以南的地区。虽然现在台湾北部有些地区也有，但大多数都是从台湾南部传播过去的。这种仪式是在福建南部形成的，其大体上有两种形式。

其一是固定举办的仪式，有的村落每年做，有的几年做一次，有的是很多村子一起做。因此固定时间举办的迎王送王仪式也可分为两种情况，一是每年做的，一是几年举行一次的。前者简单，

2016年正月同安吕厝迎王仪式(石奕龙摄)

都在农历十月选择一天做,早上在水边呼请王爷来,接着是祭祀,也就是民间所谓的"贡王""宴王""请王"(为王爷请客),用祭品供奉给王爷,并给王爷船、轿添载,然后,巡境,即请王爷出巡本境,晚上送王,即焚化纸糊的王爷、辇轿、王船等(如果有制作的话),如没有扎这些,则烧大量的金纸。这种迎王送王每个村落做的时间不一,有的闰年做,有的三年做一次,有的四年做一次,有的十几年做一次。有的迎王与送王时间间隔几年,有的几个月,有的几天。在送王之前,都有制作王船与纸糊王爷的准备工作。正式的送王仪式有的做三天,有的做五天,有的请道士来做,此可称"王醮";有的由本村宫庙的宗教执事者处理仪式,就不称"王醮"。送王期间多有贡王、王爷神辇或王船巡境的活动等,最后王船迁至水边的王船地,在那里焚化王船游天河。

其二是遇见瘟疫时才做,也就是不定期的,有事才做。这时造王船,祭祀王爷,并派出王爷将瘟神用船押送出境。这是因为送王仪式的最后一个过程是用王船送走王爷时,也可以把一些脏东西带走。由于有这种功能,因此有些人就误解王爷就是瘟神,其实不然,王爷是客王,多被民间视为像封建时代的钦差大臣巡按一样的神灵,由于是"钦差的"代天巡狩,故被认为神力高于本境的"当境神明",具有送走"肮脏"包括瘟疫的功能,所以王爷不等于瘟神。但在台湾有些地方如台南西港的庆安宫、苏厝长兴宫认为他们迎的是瘟王,这可能是这一仪式传播到台湾后的近代变异,而不是这种仪式的原初形态。闽南地区的迎王送王仪式是原生态的,基本没有这种情况。另外,有的地方迎王送王仪式请道士做,道士常把他们科仪本中处理瘟神的科仪契合到民间所做的迎王送王仪式中,因此,有时也会出现一些和瘟有关的仪式,但这多是以王爷的力量送走瘟神等肮脏而已,并非王爷是"瘟王"。实际上有很多地方的迎王送王仪式都是民间百姓自己做的,不请道士做,而且在仪式实践过程中还对道士所做的科仪表示怀疑与戏弄。如厦门港在闰年送王,在仪式过程中,一到送王的时候,该宫的乩童就会捉弄道士,以表示对道士设计的科仪程序疑义与戏弄。其表达的是附体于乩童的代天巡狩王爷对道士及其科仪的不信任。所以,迎王送王仪式所送的王爷与瘟神无关,台湾少数地方迎瘟神的做法,有待我们去好好研究,弄清楚他们是如何在台湾这个传播地中形成的。

另外,我们应该清楚,迎王送王仪式所迎送的王爷在庙中几乎没有神像。人们送王时,并非将自己村落神庙中的神明送走,而是送接来或迎来的王爷,所以许多有此仪式的村落的神庙中往往不会有王爷的神像,如吕厝四年一次送王,但在该村的华藏庵中,并不供奉王爷神像,而是供奉水仙尊王、吕洞宾、姜太公等,但他们会在主神龛中为王爷留一个座位。大家都把这种王爷看作"代天巡授"的王爷。他们来此巡按一下,或镇守一下,然后被送走。但在送王前都会糊尊王爷,设立"代天府"来祭祀王爷(贡王、宴王等)。

如果知道某地举行这种类型的仪式活动,我基本都会去参与或去看看。我从 20 世纪 90 年代初就开始研究这个。我在 1994 年就发表过一篇文章《同安吕厝村的王爷信仰》。当时我们跟美国的斯坦福大学的武雅士(Arthur P. Wolf)和台湾的民族学研究所有一个闽台社会文化研究的合作项目。我们这里所说的文化是指人们的生活方式。我的调查点在同安,我们在那儿做田野调查时才了解吕厝有王爷信仰,当然指的是迎王送王的仪式,所以开始关注,做了仔细的田野调查,才写了上述那篇文章,后自然一直关注。1994 年到如今,我们对迎王送王仪式研究了 20 多年了,现在知道有这种迎王、送王仪式的王爷信仰仪式在很多地方都有。

以厦门岛来讲,沿海边的部分村落有王爷信仰、有迎王送王的习惯,再往里面一点的村落,即水尾巴到的地方也有。但那里的仪式比较简单,比如薛岭社有一个宫庙叫龙源宫,3 年做一次迎王送王仪式。他们没有造王船,只是做一顶轿子、马匹和差役等,也糊了王爷,用了大量的祭品贡王,晚上在村口送王。这一种仪式,在厦门,有的人也称它为"做好事",时间大都在农历的十月底。同安西柯吕厝的迎王送王仪式就比较盛大了,他们鼠、龙、猴年为王爷年,王爷年的正月初四迎这届新王,农历十月底送四年前迎来的王爷。在八九月就开始造王船,早期他们造的王船是木骨纸糊或布糊的,现在则全部用木头造一艘完全可以放到水里使用的王船,但却用焚化的方式送王。道光十九年《厦门志》有讲到迎王送王的内容,当时用的全是木制的王船,而且是送到海里让它漂走的游地河。在福建的文献记载里,提到的迎王送王仪式都没有提到迎王送王是迎送瘟王,只是批评这种仪式奢靡,浪费钱。因为这种仪式在那个时代从事的话是一个很浪费钱的事,做一次这种仪式的费用可能要超过一家人一年的生活费,参加迎王送王仪式活动的基本都是当地人。

历史学界的学者有的人认为代天巡狩王爷是瘟神,这是受道光年间福建的一位文人施鸿保《闽杂记》卷七中的一段记载的影响。施鸿保说："出海,驱遣瘟疫也。福州俗,每年五六月中,各社醵钱扎竹为船,糊以五色绫纸,内设神座及仪从供具等,皆绫纸为之,工巧相尚,有费数十缗者,顾人舁之,鸣螺挝（橮,zhua）鼓,肩各庙神像前导,至海边焚化。漳府、属亦有之,然亦皆绫纸所糊耳。惟厦门人别造真船,其中诸物,无一赝者,并不焚化,但浮海中,任其漂没,计一船所费,或逾中人之产,付诸无用,殊可惜也。"他把福州帝庙的"出海"仪式与闽南的迎王送王仪式联系起来,历史学者引用他这条与历史事实不符的记载,这才把代天巡狩的王爷视为瘟神。其实施鸿保对福州的社会事实并不了解,更谈不上了解闽南的风俗了。例如在福州,实际上出海仪式有两种,一是五帝庙举办的出海仪式,二是水部尚书庙举行的出海仪式,这两种仪式也不是一回事,虽然都用到了船。五帝庙是瘟神庙,其供奉5位行瘟侍者。他们的出海仪式多在五月到八月做,虽然也用纸糊一船出海,但他们送的除了瘟神外,还有一个"秽桶",里面装一些脏东西,以代表瘟或肮脏,而且他们没有迎王仪式,只有送的仪式,在闽江边焚化。另一种出海则不是驱瘟,而是送水部尚书回家过年。这个水部尚书是莆田人,叫陈文龙,抗元的英雄,后被人奉为水部尚书。在正月十三,水部尚书庙要举办出海仪式,送陈文龙回莆田过年,然后在农历三月中还有个接王的仪式,将回去过年的陈文龙接回来,继续在庙中庇佑庙宇所管辖的地域。所以,在福州有两种出海仪式,时间不一,形式不一,意义不一。但施鸿保并不了解这些事实,而且他还把瘟神庙的出海仪式跟闽南的迎王送王仪式连接起来,说它们是一回事,所以就更不准确了。那么根据这种不准确的记载而做出的判断肯定是不对的,所以那些历史学者的结论是错的。事实上,福州五帝庙的出海仪式是在农历五月到八月间做,是由五帝庙来从事的。而闽南的迎王送王仪式并非都是王爷庙做的,如昌厝的古庙并非王爷庙,其主神为昌祖与姜太公,又如台南

1994 年带人类学本科学生在武平中山镇做调查（石奕龙供图）

西港庆安宫是妈祖庙。在闽南地区和台湾迎王送王仪式多为村镇做的或者是宗族做的，如厦门海沧的新垵村是由邱姓宗族做的，而湖里区钟宅社区则是由钟氏做的。所以，闽南和台湾南部的"迎王送王仪式"的形式和意义与福州五帝庙的"出海仪式"并非同类，混在一起来说，只能引出错误的结论。因此，当我们发现历史记载与社会事实不符时，我们需要用社会事实去检验历史上的文字记载，这也是通过闽台迎王送王仪式的研究得到的一种凡事都需要尊重历史事实与社会事实的体会，另外就是如果发现文献记载与社会事实不符时，我们应该相信社会事实，也就是说，我们可以用社会事实去检验历史文献所记载的真实性。

访者：您在研究中还发现有什么不符合历史事实的事？

石奕龙：这个嘛，我近来也发现目前对疍民的研究也有许多不符合历史事实的东西。

许多人都认为古代文献中记载的疍民和渔民的生活方式是一样的，其实不然，疍民和渔民是有区别的。

其实在文献记载中，早期疍民并不是以渔业为生的。疍民和岸上居民或渔户的差别就在于疍民是在小船上生活的，而渔户虽打鱼，但却住在陆地上。疍船都不大，五六米长而已。这种小船在过去是没有电动动力的，靠摇橹、划桨为动力，因此活动空间很窄小。他们用人力摇船，非常吃力。《厦门志》上记载疍民的生活是为人载货或是载客，最后才是捕鱼。你要载客人，只有在渡口的地方才会有客人，所以疍船一定都会泊在渡口等客人，才能载客挣钱。第二是载货，当大船靠不到岸边而停在海中时，就需要用小船把货载到岸边的码头上，大船多停靠在码头外的海中，疍船要招揽这种运货生意，也需要船在码头附近，才会有人请他运货，因此他要载货的话，必须集中在码头附近。

疍民住在小船上，生活在水面上，晚上不能到处走，要找平静的水域才能泊船过夜，这种地方不是到处都有的。我早年研究过惠东人，那里的海岸受风，浪头大，所以他们乘小船打鱼回来后，都把船扛上岸来，这些船就和疍民生活的船只差不多大小。惠东人的这种船为什么要搬上岸呢？因为他们的海边没有海港，没有平水的地方，海浪很大，如果晚上不将船扛到岸上去的话，第二天就寻不到船只了。如果有人住在船上过夜，那他不就去见龙王了？疍民是水上人家，晚上要住在船上，因此，他们的船一定要选择在静水、没有风浪的地方停泊。所以，大多数疍民主要生活在城镇附近的江河中，需依附所谓的岸上人如民户、渔户才能得以生存下来。因此，在封建王朝时代，他们被称为"游艇子""白水郎""五帆"等。疍民真正的生活地方是在江里、河里、海港里，而不可能在外海到处驰骋。即便疍民从事捕鱼生计，也不会跑到外海去捕鱼。

我们可以以厦门为例来解释一下。厦港在下午四五点就有人在船坞边上卖鱼，形成一个临时的小鱼市，人们在那个时间点就到那里去买渔船刚打回来的鱼。如果你想在那里卖掉自己一天的所获,你捕鱼的地方就不能离这种港口鱼市太远,太远了你无法在那个卖鱼的时间点赶到那里,就无法卖掉当天的所获。在那个船只全靠风力、人力驱动的年代里,他们也只能在港口附近或市集附近的海面上捕鱼,否则他赶不回来。疍民不是三餐吃鱼的,关于过去疍民的一些故事都讲疍民生活艰难,"半年粮食半年糠",这表明疍民的主食还是粮食。他们没有土地,如何获得粮食呢?如果他们捕鱼为生,自然是将捕来的鱼卖掉后,才有钱买粮食、蔬菜来过日子。由于他们需要把当天的捕获卖掉,因此需赶在鱼市时来卖,因为这时才有人到市场上,所以这种时间限制和动力的问题,使他的捕鱼范围只能在市集附近,在海港里面生活,在江里、河里生活。

渔户就不一样了,他们是住在岸上从事一些农业同时又在海上从事渔业的人。渔民在岸上有房子可以住,有船去打鱼,还有田地可以耕种粮食作物。很多的海岛上的岛民也是如此,虽然居住在海岛上却也不是疍民,因为他们在岛上有房子还有船,可以在海上作业,也有一点土地可以耕种。疍民一家子都住在船上,所以疍妇一般都在船上生活,在水上生活。渔户的妇女可能会在海边作业,如讨小海等,但她们基本上不上大船,不去远海的地方捕鱼。由于渔户、疍民和岛民的社会生活是不一样的,所以人们才会把他们分开来界定。如清代道光十九年的《厦门志》里面有条记载提到:在明代永乐四年时,命丰城侯李彬等沿海捕倭,招岛人、蜑户、贾竖、渔丁为兵。也就是说,明朝政府在永乐年间曾经把一些疍民、岛民、渔户、商人(他们做海上或海外贸易时也在船上活动)招来当水军。所以,在那个时代,有很多疍民就被招去当水军的军人。明代沿海的卫所都是水军,一个千户所大概有十条战船,一个百户一条,所以永乐期间有部分疍民就被招去卫所中当水军。这条记载明确把岛人和疍民、渔丁加以区别,没有只用一个名词既表述疍民又表述岛人和渔丁,这说明疍民是疍民,岛民是岛民,渔丁是渔丁，他们各有不同。所以说，海岛上的这些岛民不是疍民，陆地上的渔户也不是疍民。如果他们一样，用一个词可以解决问题，他干嘛用两个、三个，当然这表示他们是不同的，不可以相替代和相混。

我认识许多厦门港的人，厦门港渔民的祖先是疍民，他们的改变大概是在 1850 年以后。在 1850 年后，他们使用了三桅的大船——钓艚，而在此之前则多用小船。1850 年用大船后，小船就逐渐转为住宅了，多在原玉沙坡港口出口边上的关刀河的港里停泊，或干脆将船安放在港边的沙滩上，男性则乘大船去外海捕鱼，这时他们少去载货、载客，而转化为专门捕鱼的渔民。所以他们现在都不能算是疍民，但他们的祖先都是疍民。他们那些疍民风俗在 20 世纪五六十年代还存留一些，现在几乎看不到了。现在有一些人还可以称为疍民是因为他们还住在小船上，在水上生活。如福州闽江中有一些，宁德的三都澳中也有一些，过去闽江、九龙江中都有。九龙江边上的石码渔业大队的渔民过去也是疍民，他们是 1959 年后才上岸居住的，因为 1959 年 8 月 23 日 12 级大台风正面袭击厦门，当时由于天气预报不发达，因此在鹭江中捕鱼的疍民死了很多人。这是因为那时的小船不像现在有机械动力，台风一来跑都来不及。这场台风让九龙江里的疍民很多人都遭了殃，所以政府才在岸上为他们建房，让他们住上来。到现在为止，渔业大队中的有些老人还觉得在岸上住不习惯，所以还有个把老人驾小船在九龙江里头流动生活。我们厦门港这些渔民大体是从 1850 年以后陆续上岸居住的，先是将居住的小船安放在沙滩上，以后再慢慢地在岸边造房子住。1930 年建厦门海岸堤坝后，玉沙坡的出口被封，成了陆地，他们才从关刀河的海港移到沙坡尾船坞这里来生活。过去厦门港渔民用的新式钓艚船是一位疍民设计的，但他设计完后就请在厦门港的惠安人造，因为他们自己不会造船。所以有一本写石码渔业大队的书就讲 1959 年石码的疍民上岸后，有几个老人就开始自己造船。但他们造出的第一条船不成样子，船前翘后歪，不对称，也不能下水用，这表明过去他们使用的船都是岸上人为他们造的。过去厦门港的造船师傅多是惠安人和福州人，如前些日子过世的造船大师汪振芳就是祖籍惠安的。所以，厦门港的渔民的祖先是疍民，而现在的他们是渔民，但还保留了一些疍家的风俗。

谈到疍民，有必要说说有些研究者对妈祖和疍民关系的误解。有些人误认为妈祖是疍民，说妈祖出身于疍民社会。其根据主要是因为在民间流传的妈祖显灵的神话传说中，提到妈祖曾经摇过船，就认为女的在船上生活，女的摇船就是疍民。然而这是一种误会或误读史料及传说故事中透露的信息。虽然传说中妈祖会驾小船，但这并不能说明她就是一辈子在船上生活的疍民。她住在湄洲岛的陆地上，平时做的活是农家妇女常做的事——织布，其父兄也就是男性才驾驶着大船驰骋在海上捕鱼，所以由此民间神话所透露的信息看，妈祖的家庭原型应该是渔户家庭。历史学的研究有一个毛病，它以文献记录为主要资料来源，也就是以白纸黑字的资料为主，没有经常地检验这个记载到底是表述什么信息，如果没能很好地认识文献所表达的信息，并一叶蔽目地误读或误用，那出错就很正常了。对于疍民、岛民、渔户的很多东西没有搞清楚，所以才仅根据那么一点说妈祖是疍民。

也有人将妈祖称为"龙女"，而"龙女"只是"神女"的替换词而已，或是见妈祖常在海上"显灵"，而将她与龙王的女儿联系起来，而称呼其为"龙女"。这也是《崇武所城志》中"天后庙序"所说的"神，林女也。世居湄岛，生有祥光，长能乘席渡海，驾云出游，雍熙间升化。后人每见朱衣海上，呼为龙女"的意思。否则，仅根据"龙女"的称谓就认为妈祖是疍民，那么，观音菩萨的玉女——龙女，也

2017 年在广西廉州调查妈祖信俗情况（吴国富摄）

应该是出身于疍民了？所以仅凭这样的称谓，而将妈祖说成是出身于疍民是没有什么确切依据的。民间关于神明的神话传说都是人们在历史上不断地建构出来的。对神明来说，人们的建构，多以其显灵的事迹先开始建构，然后再去附加他天生异禀的特性。妈祖信仰传说就是如此建构出来的。我们现在看到最早关于妈祖的文献资料是南宋时期的，但南宋时代的资料多记载妈祖是巫女、神女、巫媪，最多说这位巫女可以知别人的祸福，然后主要是显灵，救商人于海上，救海上使节、驱瘟、捕寇等各方面的事迹。到了明代才开始建构，说妈祖天生异禀，其出生时屋里闪耀红光、香气满屋，然后小时候就识字，就会礼佛、会法术，可以驱瘟、救旱、救涝之类等。换言之，人们建构的传说，先是显灵的事迹，而后才有妈祖从小就是神人的神话传说，而且越来越神话。这也导致对她的崇拜圈越来越大，崇拜的范围从沿海扩展到中国南北，也进入内陆。因此，总体上说，妈祖与疍民无关，其成为神明还是中国传统的文化逻辑，即其为人们做好事而成为人们心目中的道德之士而成为神明,而且其信仰传播者多与商界的航运业有关。

访者:除了妈祖外,您还研究过哪些神明?

石奕龙:闽南人的神明中和妈祖联系较深的是保生大帝,我是20世纪80年代开始研究的,首先是去实地调查。我曾到白礁、青礁调查过,也到平和县去调查心田宫,台中的元保宫就是从心田宫分灵过去的。1990年我们去龙岩开会时,也顺便了解龙岩城区的保生大帝宫庙的情况。最后一次进行实地调查是在湖里区。由这些实地调查也就认识到保生大帝的信仰在闽南人生活的地区相当盛行,由于供奉保生大帝的庙宇多,为了这些分灵庙的进香方便,在白礁、青礁各自有保生大帝的祖庙慈济宫。过去泉州地区的保生大帝庙宇多到白礁慈济宫进香、请火,而漳州地区的保生大帝庙多到青礁慈济宫进香、请火。现因白礁归漳州市管,青礁归厦门市管,所以现代的经营以及宫庙的进香、请火的关系都发生了一些变化。

保生大帝的生日诞为农历三月十五日,妈祖的生日诞为三月廿三日。这个月份是闽南、台湾地区的雨季,所以在这个季节里常常有风雨。有的庙宇就会利用此做文章,如台湾台中的大甲镇澜宫有一个大型的仪式,即妈祖到南部出巡时,常会遇到下雨,由于三月前常干旱,所以镇澜宫就说祭祀妈祖就会为台湾的干旱带来雨水,所以称妈祖为"雨水妈"。2014年初,台湾干旱,可一到妈祖诞时就开始下雨了。因此,人们在拜妈祖时,也希望她为干旱的地区带来雨水。"妈祖雨水"的另一种解释是说她与保生大帝斗气斗法造成的。这种说法有比较悠久的历史,并把这种传说作为物候现象而记录在文献中。如道光版的《厦门志》载:"三月十五日真人暴,多风,二十三日妈祖暴,多雨"。此外,民间也流传"三月十五,风吹大道公巾,三月廿三,雨渥妈祖婆花粉","三月廿三妈祖生,风吹头巾,雨渥花粉"等俗语或谚语。这个传说故事说,过去有人为保生大帝和妈祖牵线谈婚嫁,妈祖因看到羊生子的痛苦样子,就拒绝联姻,后因有人从中作梗,引起两人的误会,所以在三月十五保生大帝生日时,当人们抬着保生大帝出来巡境时,妈祖刮起大风将保生大帝吴真人头上的头巾吹掉,让他的癞痢头暴露出来,使他当众出丑。大道公保生大帝被侮辱后,也会报复,他就在妈祖生日时,当人们抬着盛装的妈祖出巡时,突然下一场雨,把妈祖脸上的香粉全冲掉,让她露出"麻脸"的真面目。以后两人就相互斗来斗去,弄得每年农历三月时又是刮风,又是下雨的,使大家都相当郁闷。

当然,事实并非如此,这本来是自然现象,但这现象弄得人们心中烦闷,只能用文化的手段对此加以解释,因此这种民间传说或神话,实际上是闽南人的地方知识体系对农历三月刮风下雨连绵不断的现象的一种地方的主位解释。通过神话故事的建构,人们将无法解释的自然现象转换为可以理解的文化现象,从而对这种恶劣天气对人所造成的各种不适和郁闷的心态降到最低,使得生活的运作在一种建构的秩序下进行,从而缓解了自然现象带来的不适与烦闷,解决了人们社会生活中的问题。而这种变自然现象为文化秩序而建构的文化解释形成后,也成了限定人们日常生活的规则或秩序,使人们在一种可以认知的有序状态下生活,但它也造成了一些其他问题,如由于闽南人民间流传着妈祖与保生大帝斗法的神话故事,并象征与隐喻着他们俩有矛盾与冲突的意义。所以福建、台湾的许多地方是不将妈祖与保生大帝放在同一庙或同一神龛中共同祭祀的。要么将他们各自安放不同的宫庙中,要不然在一个大的宫庙里一个殿宇放保生大帝像,另一个殿宇中供奉妈祖神像,但不会将他们放在一个神龛中供奉。另外,闽南人还有祭拜"祖佛"的习惯,此指某姓氏的人祭拜同姓的神明,如陈姓的人祭拜陈舜帝、开漳圣王陈元光。因此由于上述的传说故事表述说妈祖与大道公有矛盾,所以林姓的人多祭拜妈祖林默娘,并称其为"姑婆""姑婆祖"等。而吴姓的人就多崇拜保生大帝吴真人,称他为"大道公""帝爷公",而不供奉妈祖林默娘。闽南人中,唯有厦门人将妈祖和保生大帝放在同一神龛中供奉,有的就像帝后配一样。究其原因,大约是厦门为闽南的一个城镇,人来自漳泉各地,在此弹丸之地,为了生存,形成了和为贵的思想,同时共同祭祀保生大帝和妈祖也有"经济节约"的好处,此外,他们的意识形态中,也希望妈祖和保生大帝两者之间关系和睦,而这样的和睦也将使妈祖和保生大帝共同给厦门人的农历三月带来祥和的秩序与顺遂的生活。当然,其他关注过的神明还有清水祖师、临水夫人、城隍爷等。

厦门黄厝溪头下宝海堂同龛并祀保生大帝、妈祖、三元帅(石奕龙摄)

访者:石教授,您对这些神明做了这么多的研究,您是不是对他们有信仰,才导致对此有兴趣?

石奕龙:有的人认为我对这些神明信仰习俗的研究是出于一种内心信仰的动力,其实,这与是否信仰并无关系。我主要是对这些民间习俗感兴趣，我认为中国文化的一些实践逻辑是隐含在这些民间信仰的宗教实践与信俗中的。我在 2008 年写的一篇关于民间信仰的文章《中国汉人自发的宗教实践——神仙教》认为，汉人的宗教实践，用民间信仰界定不合适、不准确。我们现在所讲的民间信仰实际是汉族的自发宗教、民族宗教，它是由汉民族在历史过程中创造出来的，并在历史过程中形成现在的模样和表现。

我们知道宗教这类事物可以分成两类的，一类叫作"人为宗教"，一类叫作"自发宗教"。自发宗教一般是由某一民族创造出来的，而人为宗教很多是由某个所谓的教主创立的，例如佛教，它是由释迦牟尼创立的，天主教、基督教是由耶稣创立的，道教为张道陵创立的，伊斯兰教由穆罕默德创立的。这些由某位人物或教主创立的人为宗教都有经典教义、伦理学、教团组织、教阶制度等制度化的系统。自发宗教则是从某一群体中自发产生出来的宗教实践，或者更具体一点，它是指某个民族在历史的发展过程中逐步形成的信仰体系、崇拜形式、仪式等。一种自发的宗教是一个民族或族群自古以来就形成并固有的，在历史的发展中，虽然它的一些内容、象征、意义会发生一些变化，但都是与其存在于其中的社会中的人们的日常生活结合紧密的宗教实践，因此也可以视为一种民族宗教。中国是一个地大物博的国家，其有多种民族存在，而不同的民族有着不同的自发宗教形式，例如鄂伦春族信奉萨满教，藏族、傣族等信奉佛教，但藏族主要信仰喇嘛教，傣族、德昂族等主要信奉南传佛教等。很多自发的宗教文化现象都不知道是由谁创造出来的，一个文明中的这类产物都是发明者在适应当时的社会生活中慢慢形成的。但你却说不清其发明者是谁，现在你可以说某种事物的发明者是谁，因为有专利。人类社会的早期并没有形成这种专利意识，所以现在已很难弄清楚某种自发的宗教是由该民族的某某人发明的。所以，有的文化可能会用一种建构文化英雄的形式来表述由某人发明。对于汉族的这种民间信仰而言,它本就是汉族的自发宗教,但政府就不把它视为是一种宗教,过去将其界定为迷信,因是不好的东西,所以就尽量地打压它、取缔它,这种作为,实际上是给现今一些外来宗教入侵创造了一个空间。另外,自己也陷入一种自相矛盾的境地,如为什么在中国其他那些文明程度不如汉族的民族都没有迷信,只有文明程度较高的汉族有迷信呢?其他的民族都有宗教,唯独汉族没有宗教,只有迷信。换言之,同一事物在不同民族中有不同的对待,中国有十几个民族信奉伊斯兰教,有四五个民族信奉不同类型的佛教,一个民族俄罗斯族信奉东正教,其他的少数民族,有的认为他们信奉原始宗教,或者信奉图腾崇拜,或信奉本主,但对汉族同样的自发宗教却说它是迷信,这是一种偏见。同时也因拆庙等缘故,许多地方出现信仰空白,从而,为外来宗教的侵入打开了大门。所以,现在似乎警醒了,但又不认可这种宗教实践的宗教属性。所以用民间信仰去对待这种汉族的自发宗教的实践。这种政府行为虽比过去进步一些,但因为民间信仰这一概念本意是指民间所信奉的一些超自然现象,不仅汉族有,其他民族也有,如藏族除信奉藏传佛教外,还信奉其自发的宗教——苯教,另外也有一些民间信仰,如对圣山的崇拜等,因此以民间信仰来指称汉族自发宗教的宗教实践存在着一些边界不清的问题。而且在当今的世界中,民间的宗教实践称其民间信仰还马虎可以,因为它的确盛行于民间。但是汉族的宗教实践是自古以来就已存在与延续的。在封建帝国时代,以皇帝为代表的官方也信仰汉族的自发宗教,因此就没有官方与民间的区隔的必要,只不过当时也没有很好地为这种汉族的自发宗教定一个名称而已。所以,现在是到了给汉族自发的宗教实践定一个宗教名称的时候了。如何为它定名呢?我认为可以向佛教等取经,如和尚们信奉的宗教实践为什么叫佛教?实际上其意义为佛陀的教义和对佛陀的崇拜，所以佛寺中主要殿宇大雄宝殿供奉的都是佛祖释迦牟尼。在汉族的宗教实践中，主要就是对创立社会秩序的神灵的祭拜而已，为何祭拜，其社会功能主要还是减少人们现世对某种未知感的焦虑。人们信奉这种宗教，不需要出家，只需崇拜某位神灵（也包括祖灵与鬼灵），希冀借助与某位超自然力量的沟通，来减轻在现世生活中遇到的不适与未知感。因此，这类宗教实践所强调的是现世的问题解决，而与佛教、基督教等强调来世的观念不同，也与佛教需出家修行而去获得进入未来天堂的门票不同。因为汉族的自发宗教带有比较浓厚的现世功利性，人们信奉超自然力量，就是为了解决现世的一些充满未知感的日常生活问题，或利用神灵驱除生活空间中的"肮脏"之物，如邪魔、煞气等，使自我的生活空间洁净、有序，或祈求神灵帮助人们渡过各种难关等。所以，它有自己的特点，而与佛教、道教、基督教等不同。

那么这种自发的宗教实践应称什么教为好？我认为这种汉族的自发宗教、民族宗教应叫"神仙教"，而有的人则认为应称"神明教"。其实神明教和神仙教的说法是一样的，"神明"的意思是"神灵才明白事理与规则"，而"神仙"指"神灵中包括了天神与地仙"。用这种术语是因为中国汉人的这种自发宗教仍是一种多神性的宗教，它不是一神教，虽说汉人认为天上的天公（玉皇大帝）最大，统辖诸多神灵，但是大家并不都是只拜玉皇大帝，而是各自拜各种神灵。例如曾厝垵社区包括有好多社（自然村），每个社都有自己的宫庙，崇拜跟该社居民有缘分的神灵，如胡里山社的人们崇拜的是玄天上帝，西边社的居民拜的是保生大帝、法主公等，曾厝垵社的人们拜的是保生大帝、妈祖，仓里社的居民拜的是黄帝，等等，各自不同，但他们都有一个共性，拜的都是神仙。所以汉族人们的自发宗教实践中的特点是崇拜神仙，以此特点来命名这一自发的宗教实践就应该称其为"神仙教"或"神明教"或"神灵教"。这些受汉人崇拜的神灵都是在人们有某种需求的前提下创造、建构出来的,并根据人们的需要加以解释与重新解释,但基本的标准也是有的,这就是为人民做好事的人即为道德者,其自然成为神灵(神明)而为人们所崇奉,当然,他们也须为人们解决困扰人们的问题。

访者:您最近的研究多关注闽南文化,您认为研究闽南文化时,应如何从理论上去研究?

石奕龙:研究闽南文化,首先得弄清何为闽南人,何为闽南文化等的概念性问题。现在人们多用"闽南文化"这一概念来定义闽南人的文化,但此概念相伴的困惑也同时与此概念如影随形地存在。例如我们用闽南文化本是想用此术语来界定闽南人这一汉人民系的文化,但闽南文化这一术语从字面上看,也可以用来指称存在于福建南部的一种地域文化,也即福建南部的文化,由此就容易

在书斋中(石奕龙供图)

产生歧义。因为文化如果是以地域区分的话,它就有地域的限制,当把它扩展出其限定的地域范围时就容易造成歧义与混乱。例如

你说台湾文化是闽南文化吗？说台湾文化的主体是闽南文化，实际是讲台湾文化的主体是闽南人的文化，但从地域分类的角度看，闽南与台湾并非同一层次的地域，闽南属于福建省的南部，是省这样的空间中的一个小空间范围，台湾则属于省这样层次的空间，两者不可同日而语，也不可比肩并列。而从不同层次的地域文化内容看，闽南地区这一小地域是一个文化有着同质化表现的区域，而隔着台湾海峡的台湾区域这个省级的中级地域却不是一个文化有着同质化的区域。在闽南这一小型地域中，只生活着闽南人这一民系或族群，只存在着闽南人的文化这一种。而在台湾这一中型地域空间中生活的族群或民系则相对多些，除了大部分闽南人外，还有客家人、土著及外省人和其他民族的人民。因此在台湾这一类中型地域中除了存在闽南人的文化外，至少还存在客家文化、土著文化与外省人的文化。也就是说，闽南这一地区只存在一种文化，而台湾地区至少存在四种文化。例如台湾的客家人可以说，我是台湾人，我不是闽南人；台湾人也可以说，我不是闽南人，我是台湾人，我的文化是台湾文化而不是闽南文化，所以，闽南文化这种带有地域因素，并有着歧义解释的术语常会出一些问题。实际上带有地域文化烙印的闽南文化术语，应该用"闽南人文化"这样的术语来替代可能要好些，这样界定，我们界定的是一种族群或民系的文化，它就没有地域的限制。闽南人文化也可以表述为，是在闽南地区形成的一种民系或族群文化，当他们迁徙到某地，他也会将其民系的文化带到那里，将闽南人文化传播到那里，并以闽南人文化为基础去适应当地的文化，并在当地原生文化的影响下发生一些变化，形成一些不同的地方特色。例如我们可以说台湾大部分人讲的是闽南话，其文化是闽南人文化，或讲台湾的闽南人文化，这就不会出现歧义，也容易使人理解。另外，如潮汕地区有时也会说我们是潮汕文化或潮州文化而不是闽南文化，因为潮汕的确不在闽南这个区域中,但潮汕人是闽南人,他们讲的是闽南方言,所以说他们是闽南人,拥有的文化是闽南人文化,就容易理解了,也容易接受,所以我们说他们的文化是潮汕地区的闽南人文化也就名正言顺,不会有太大的歧义。此外,还有一个概念也可以考虑,即过去闽南人都说自己是"下南人",即表明他们都来自中原,来到闽南这个地方入籍后才成了闽南人,所以"下南人文化"亦可作为"闽南人文化"的替代术语,而不会有地域歧义。

我从事人类学、民俗学研究多年,我的研究的特点是比较关注实践,希望能真正地揭示历史事实与社会事实,并在此基础上加以合理与符合事实的解释。所以当我们研究这些东西时都应该要进入基层,进入最有百姓生活气息的地方去调查、了解,也就是要"接地气"。要研究这些民间习俗传统之类的东西,不仅要了解某一习俗本身的全部,还得了解存有这一民俗的这个社区文化或族群文化的所有内容,包括他们的行为实践与思想意识等等。也就是说,要想了解真实的社会事实,要能跟实实在在生活的老百姓打成一片,要跟他们沟通、交往。如果你表现出高高在上,嫌农村这边脏、那边苦的,人家看到后也会讨厌你,更不可能和你多交流。总之,你只有跟你所要调查的人们熟悉,你才可以了解到比较真实的情况。另外,也要多参与观察,一方面是以自己的身体去体验,另一方面,也可用此实践去检验报道人所说的内容,从而使了解到的资料更为真实与客观。

徐　学

闽南纹理印痕

简介：徐学，厦门大学中文系文学硕士。曾任厦门大学台湾文学研究所所长，厦门市第八、九届政协委员。现任中国世界华文文学学会理事兼对外交流委员会主任委员，福建省台港澳文学研究学会副会长，厦门闽南文化研究学会副会长、中国两岸关系和平发展协同创新中心社会研究平台成员。著有《台湾当代散文综论》《台湾新文学概观》《厦门新文学》《八十年代的台湾》《台湾文学与中华传统文化》《余光中评传》等 30 余部。作品获中国图书奖等。

一、乡土记忆和乡土观念

我生在广州，四岁随父母从北京到了厦门大学，刚来时，住老市区，先读华侨幼儿园，后来搬进校园上厦大幼儿园。50 年代厦大校园是个大院，又像农庄。你若在校门口，遇到人问：去哪里？说，去厦门。就是说他是要去中山路一带。当时只有中山路和公园南门这一块才是市区，其他都是郊区。厦大校门里外都是稻田，田里有很多热带鱼，很多的果树，童年时我们会爬到树上去摘龙眼。校园山边有不竭山泉，为节约水费，大家都在山泉边洗衣服。夏天提桶山泉水到家里，把荔枝、龙眼放在里面，吃起来远胜冰镇。黄厝曾厝垵海岸一带是前线，城里人不能随便进出。白城海边堪比如今夏威夷,海水湛蓝,小孩无师自通地成为游泳好手。厦大的田园风光,五老山峰与海涛是我生命底色,永不磨灭。

厦大教师中闽南人并不多,但小学同学中闽南人不少。同学对话都是普通话与闽南话夹杂。比如"你先走,我后走"。我们会说,你先 liao,我后 liao。当时演武小学在南普陀里面,叫东澳小学。厦大当时和南普陀相通,没有围墙。我们上课来不及都会从大殿里面穿过直奔教室。我们跟和尚的关系很好,在寺里跑来跑去,在大雄宝殿前面打手旗,唱歌。

闽南人家家户户初一、十五都要拜菩萨,做普度,拜神明"掷筊",历经解放和运动,依然保存着很多特有的习俗和禁忌,老人多有中西混杂或者中日混杂的背景,会唱老歌,比如《雨夜花》《望春风》《雪梅歌》。多年后我遇到一个民俗学家,他说,中国两个地方民俗最有特色,一是湘西,一是闽南。我想,天涯海角,远离中心,蛮荒精神,得于残存。总之,从幼儿园到初一,我对老闽南有许多记忆。

1969 年,我到武平务农,当地讲客家话,我们变成外地人。本来我在厦门也是外地人,但从来不懂什么叫思乡,但到了武平突然有了"乡愁"或者说是"思亲",会焦急地等待厦门的家信,忽然就懂得了《静夜思》里月光的惆怅……我思念同学,仿古诗写下"君问归期未有期,暂居山乡炼精奇,调令传至返故里,笑谈农家风味异"寄给他。在艰苦的劳作之余,思念南普陀、厦大海滨……闽南歌曲、闽南小吃,是甜蜜的调味品。我和同学乃至厦门来闽西的各色人等的沟通,要讲闽南话,才会亲切,才有私密性,那时我的闽南话进步很快。当时主流价值观是"反地方主义",提倡胸怀祖国,放眼世界,而我们那一代的乡愁却奇特地早早生根且如野草狂长,为现今年轻人所无,是扭曲年代的副产品。乡愁不因岁月流逝而淡漠,反而慢慢滋长,成为我坚持探究闽南文化乃至为其付出心力的强大动机。

二、从厦门文化丛书到厦门市闽南文化研究会

上世纪 80 年代的全国文化热中，学者与文人开始有寻根冲动。我的老校长李永裕，厦门文史专家李熙泰组织一批学者成立"厦门文化丛书"编委会，也请我担任编委，同时担任丛书撰稿人。我出身中文系，就写了本《厦门新文学》。《厦门新文学》篇幅不长，但可以说是首部五四以来厦门文学简史，除了大量原始资料的收集、爬梳，还有独到的见地，流畅的文笔，出版后得到学术前辈郑朝宗教授、杨国桢教授的肯定，他们都为我的书写了序言。"厦门文化丛书"的抱负远大，努力把厦门历史文化方方面面都挖掘出来。丛书共写了几十种，有古代、近代、现代，由鹭江出版社出版。

厦门市闽南文化研究会成立于 2000 年 2 月，酝酿时间还要早些。记得 1999 年在某个会场与陈耕相遇，陈耕对我说，我们一起发起成立闽南文化研究会吧，他胸有成竹地说了计划，我赞成，也说了一些设想，他用摩托车载我去找社科联副主席林美治，后来找市委原宣传部部长方友义来当会长，我和陈耕是副会长。创立过程中遇到了很多困难，当时的办公地点难觅，经费筹措也不易。陈耕做了很多工作，终于打开局面。

在研究会的推动下，我也做了一些工作。比如，金门有一个闽南文化研究会，我们成为姐妹协会，经常交流，互赠书籍，共办培训班和会议。金门县的县长李炷烽、文化局局长李奇隆也都参与，我在金门大学也做了好几次关于闽南文化的演讲（《金门日报》还登了我的演讲照片）。我们跟台南闽南文化学者办过一个培训班，台南有很多闽南语中小学老师（闽南语推广师）来我们这边培训，闽南文化研究会让周长楫、陈耕和我，给他们上课。我也在厦门市图

书馆、少儿图书馆、广播电台的闽南之声做了七八次有关闽南文化的讲座。

我还写了些零散的有关闽南文化的论文,研究对象包括吴真人,福德正神土地公,颜思齐与海洋精神,闽南文化与台湾关系,闽南的商业文化,闽南的饮食文化,福佬文化与客家文化的异同等等。同时,我也为厦门作家描写闽南乡土风情的作品写过一些评论,如张力写同安丙洲的《乌肥古》,陈元麟《我们看海去》等本地作家的作品都有我的序言和评论。

闽南的文化是传统的也是现代的,是多元的、混血的,有人很讨厌杂种二字。其实,许多有生机的地方就是混血混杂的,而且在多元里发展出新的生命,钢加点钨加点金变成更加优良的合金,杂交的水果好吃,混血儿如费翔漂亮。因为多元,所以这片土地有很深厚的文化积淀。说地灵有人杰,也可以反过来说,人杰证明地灵。一地一方有没有灵气、底气,要看它是不是抚育滋养了许多青史永铭的大才。让我以这方圆百里的人物为例,100年前,附近出了林语堂。他是思想家、翻译家、文学家,也是语言学家,我们今天语言学研究闽南语,这词、这个学科的缘起就是林语堂开创的。我一直觉得厦门大学不能只有鲁迅纪念碑,也要给林语堂一个纪念碑,林语堂在学术上、文学上、教育上的贡献,后人的评价远远不够。比林语堂更早几年的有许地山(《落花生》作者),他也是风骨、学问兼具的知识分子,文学研究会发起人,香港大学教授。他在宗教学、文艺学、东方学几方面,都是现代中国的开山祖。再往前推,400年前,也是附近,还出了黄道周,他是明代大名鼎鼎的书法家、学问家,和徐霞客亦师亦友,徐霞客特地千里迢迢来探访他。

与黄道周同时代的还有开台王颜思齐,他从龙海到日本,又从日本到台湾,在台湾岛上安营扎寨,开辟汉人家园。他的手下有一个人叫郑芝龙,大家可能知道,这是郑成功的父亲,郑芝龙是比郑成功更了不起的人，他对世界的了解超过很多年以后的林则徐。他虽然在南安长大，但是他会讲西班牙语、葡萄牙语，他会去澳门做生意，他敢娶日本老婆，还让儿子去南京跟着那时代大学问家做学问，准备考状元。颜思齐带去台湾的人，还有林尔嘉的爷爷，几百年间发达起来，在台湾有板桥林家花园，在鼓浪屿有菽庄花园。林尔嘉是北洋时期的华侨领袖。近代以来的华侨领袖都是这儿附近的人，先是林尔嘉，后来是陈嘉庚，他们是最有民族气节的人，也是捐钱出力最多的人。

为什么三四百年间出了这么多人才，而且这些人不是一时一世的，而是具有持久的文化影响力，他的生命形态一直震撼到今天的年轻人，甚至成为中华民族新的生长点？所以要牵涉到这里的人文地理。刚才萧先生讲福建是多山，我小时候坐绿皮火车，坐在车中间从窗外看出去，都可以看到蜿蜒前行的火车头，李白要是早入福建一定会把《蜀道难》换成《闽道难》，闽道难，难于上青天。贵州、云南也多山，贵州地无三尺平，但闽南的山是花岗岩，且此地暴雨成灾，台风肆虐，不能耕种。从人口构成来看，先来到此地的男丁大都为军人、流放者、流浪汉，冒险家，并不温柔敦厚。此地田地少，生活资源匮乏，人彪悍，成了非常不安分的地方。梁启超研究人类学研究族群，他在文章中写道，福建人是非典型的南方人，其实他讲的是闽南人。闽南人为夺取有限的生活资源常常发生大规模的械斗，看闽南的地名就知道，最南是诏安，中间有南安、华安、安溪、惠安、安海、同安等，是非常不安宁的地方要求个安宁的体现。好在闽南还有海资源。福建的海岸线是曲折的，有很多港湾，湾中有湾，港中有港，有很多避风良港。所以闽南人自称讨海人，他们以海为田不是从宋代开始的，闽越族就有很多海洋因素。闽南的造船技术是很早出现的。

闽南的海洋性是中国最强烈的，所以有海水处就有闽南人（广义的闽南人指讲闽南语的人群,包括温州人、潮州人),但是闽南又有山的性格,林语堂少年时期到鼓浪屿学习之后到上海、武汉,再去美国,晚年在台北,但是他觉得自己是闽南山民,他认为是家乡的山塑造了他。他甚至说有山之人士是有趣的,平原之人是平庸无趣的。

闽南人仁者乐山,智者乐海。仁者如黄道周,刚正不阿如山;智者像郑芝龙,哪里可以赚钱就去哪里。闽南人长久以来的两条出路,一条就是出海为商,一条就是读书做官,宋代以来中国出进士最多的地方,除了江南就是福建。当然,到了近代更发展出那仁智兼具的人物,如林语堂、许地山、林尔嘉和陈嘉庚。仔细分析,可以看出,他们做文人的有商人的果敢和谋略,做商人的有儒者的气节和涵养。

文化不应该成为老人手中的古董博物馆里的文物。此地出了很多了不起的先人。他们身上有很多资源可以再利用,台湾做得比我们好很多,很多古代的故事、景观和人文风情经过创意而时尚化。我们也要想,像林语堂、许地山、黄道周、颜思齐这些人跟这片土地的关系,他们是如何兼容中西,面对挑战,不断往前走的。北方人到南方觉得很神秘怪异,因为闽南很多元,一方面很土,一方面又很洋,土洋结合大家很不喜欢,就觉得不伦不类。比如闽南话,很多人说语言太土,地瓜腔,其实北方的普通话才有更多的外来因素,比如蒙古人的、满人的言语,所以有人开玩笑说普通话胡语居多,是胡言乱语,而闽南话保存了许多中原古音韵。闽南话锅叫"鼎",钟鸣鼎食。读书叫"读册","册"是个象形字,表示竹简用牛筋穿起来,这是孔夫子时代的书,闽南不说一条鱼,叫一尾鱼,不说一件衣,说一领衫,非常古色古香。你们试着用闽南话念唐诗,会更加抑扬顿挫,比普通话好听多了。

三、台湾的启发

台湾知识分子的乡愁观也对我的闽南文化研究也有不少启发。

余光中是我们厦大校友，我每次到台湾都会去拜访他，他来大陆和厦门也会事先告诉我。我们几乎每年都有机会相聚。余光中的诗歌点燃和开发了现代世界华人孕育的乡土热情。他有次对我说，曾经一人到美国去教书，很寂寞，茫茫大雪，独自在高速公路开车，一两个小时都没有看到一个人，一辆车。他说他这时就开始背李白的诗，吟到激动处，豪情万丈拍打着方向盘。

许多华裔，在海外喜欢看武侠小说，喜欢京剧、书法、功夫，甚至闻到中药的味道，病就好很多了。这种对民族文化的热爱都是文化上的乡愁；更上一层是哲学意义上的乡愁，每个人都在寻找一种精神家园，寻找哪里是他的归属，他可以在哪个地方、在哪一群人中间或者在哪一种文化中间安身立命。精神家园这是最高层次的乡愁，每个人都要找到这种东西，心才能安定下来。我们应该教育孩子从小要学会欣赏，欣赏一些跟自己生命有关的、滋润自己生命的东西，而不要被一些外在的热闹、喧哗、排场所迷惑。我们很多年轻人不会懂老的歌曲的内涵、历史文化的美。一首老歌、一座老庙、一棵老树、一位老人，年轻人不会欣赏，他会觉得太土，老掉牙，要求新求变。植物长得高，根就得往下扎得深，要吸收更多的养分。学会欣赏跟你生命有关的，很朴素甚至是很简单很老土的，有时你会觉得老土的东西，是生命中不可或缺的。很多年轻人追求远方，以西洋为标准，而忽略我们的乡土。成功不等于成长，我们所谓的成功是有很多世俗的标准，但成长是内心的丰富强大，心中的宽阔，这才是真正的成长。

我任职厦大台湾院三十年,几次到台湾当客座教授,多是教一学期,以中南部学校居多,台湾的乡土教育和乡土研究有很多亮点,给了我一个新的框架或者说一个新坐标。下面我讲几个台湾的事例。

2008 年在我在金门大学当客座教授,诗人郑愁予在金门大学当驻校作家。我们从前有过交往,此次成了邻居。他跟我说,他是郑成功的嫡系子孙。康熙收复了台湾,怕他们造反,就把他们郑氏家族全部迁到了北京旁边,他们的祖籍就变成了河北。郑愁予长期在美国的耶鲁大学东亚系任教,他对闽南文化、对台湾很了解,他研究闽南视野广阔,我多次与他交谈,学会从西方观点来看待闽南文化,获益良多。

我还在嘉义南华大学教在职研究生班,这班的学生都是嘉义云林台南的中小学老师,有的兼任教导主任、校长。他们热情地请老师到他们家乡做客。我已经观摩过台北建国中学、北一女、忠孝国小,很想去乡下去台湾少数民族的部落看看。我去了阿里山上的茶乡、屏东的山地,发现台湾偏僻山村学校的教学设施(教室、操场、图书、电脑)都很好。老师们告诉我,教育部门给学校补贴,不是按照学生数,是按照班级数。一个班有时只 5 个人,但下拨的经费与一个班 30 人一样。

给我的感触很深的是,他们每个小学都有乡土的标志和校训。学校的楼梯墙壁都画满了他们所在村庄特有的动植物。学校墙壁上都有 4 幅地图。第一幅是所在村落,这个村什么形状,这里一座桥,那里一条河,标明这个山多高,河在什么地方,这是该村的地图;第二幅是所在乡(镇)的地图,并特别以颜色标明该村在镇上的位置和形状;第三幅图是县或者市,也标明该乡镇在县里的什么地方;第四幅图是县在台湾的位置,就这样由近而远。

大陆成长起来的学生从小没有见过自己乡村的地图,也较少

生活雅趣(徐学供图)

有生动活泼的乡土教育,如果一个人对自己的家乡都没有亲切的体认了解,怎么热爱民族和国家!人先爱家乡爱亲人,然后推出更广泛的爱,拓展出更宽广的胸怀。若对家乡都无感无爱,却胸怀祖国、放眼全球,是不太可能的。现在很多小学生没有什么家的观念,一开始就是看美国动画片,传统的、好的、经典的东西读的少。我认为乡愁有 3 个层次,第一个层次也是最直接的层次,是你的家乡,亲人,家乡的自然景物、山川河流、特有的动植物;第二个层次,是国家和民族;第三层次,文化乡愁就是对民族文化的热爱。

　　台湾的外省籍族群、客家族群和福佬族群也都发展出自己特有的乡愁和乡情培育,有情结、有氛围、有熏陶,潜移默化,水到渠成,当然也有偏执和浅薄,但总体比较自然,贴近大众、贴近生活。近十年来,我深入台湾各乡镇,一个冲动就是想考察离开闽南到台湾去生活的福佬人(闽南人),他们怎么来看待传统?我发现,他们不仅敬重传统,而且注意和善于发掘传统乡村中有生命力的文化,寻找新的生长点。传统不止是一种活化石,锈迹斑斑的古董,而且应该成为现代人,尤其是青年人的生命资源。宗祠家庙庄严肃穆,雕刻多美丽,可以把绘画一些元素借鉴进来。对联写得好,"做一等人忠臣孝子,只两件事读书耕田",这等精神怎么转化?怎么善加利用?个人生命也好,村庄源泉也好,族群文化也好,怎么推动一个传统生机勃勃地往前走,和世界文明接轨?在台湾,福佬人做得比我们好。他们很早就提出文创产业。文化可以和经济结合起来,让经济更有活力。

台湾乡镇文化打造从四个方面进行。第一,美化周边环境,造景;第二,造物,做出地方特色产品;第三,地方文史资料整理,即造事,让一草一木一屋都有故事;第四,培养有素质的人,有文化的人,就是造人。造人让我感触很深,台湾很多中年妇女,丈夫儿子都在都市里打拼工作,而她们自发组织社区工作委员会,当理事长,我曾多次与她们这些社区理事长聊天。问她们付出这么多得到了什么?她们说,成长。她们现在会协调会教育,懂得文化策划,有丰富的环保知识和经营能力,敢上台演讲。我在台湾当过乡村建设课题验收的评委,和我坐在一起的都是官员和教授,这些只有中学文凭的女性在评委面前充满自信,侃侃而谈,体现出很高的修养和素质。

四、近期工作与未来设想

在全球化、工业化的大潮中,乡村日渐凋敝。据统计,2000年,中国还有370万个乡村;2010年,中国乡村数量削减到约260万个。乡村正在以每天300个的速度消亡。有人把乡村戴上不适应工业文明现代化的大帽子,把乡村的凋敝消亡看成进步。在我看来,乡村不仅是农田、老屋和农业人口(老去的第一代农民工和留守儿童)，还包含从古延续至今的生产方式、生活方式，以及建筑其上的传统伦理族群文化。因此，从促进经济增长速度的角度看，乡村无足轻重。但从民族复兴和构筑精神家园着眼，乡村建设意义重大，尤其是乡村族群文化的活化更是亟待增强的文化深耕工作。它至少具有以下价值：

1.生产价值(可持续的农业生产，特色手工业，传统手艺)。

2.生态价值(自然生态、经济生态与社会生态相辅相成，稳定运行，看得见的乡愁，诗意山水，田园风光)。

3.文化伦理价值(村落所特有的民间信仰、仁厚公德、乡规良俗、耕读家风)。

4.教化价值(为都市人提供潜移默化、休养生息的新型精神家园)。

近几年我也协助海沧区、同安区政府做乡村建设，力求百姓富，生态美，追求闽南文化的现代感。百姓富裕一定要有产业，生态美是乡愁的一个部分，看得见青山绿水，记得住乡愁。在厦门海沧我设计了"乐活节"，也与台湾朋友到海沧社区去，调动社区民众的积极性。较有成效的是青礁院前社，我和台湾大学城乡所的朋友一起把它规划发展成旅游观光场所。吸引游客，整顿生态，规划村庄，垃圾不落地，打造文明环境，让文化与产业融合变成一种生命力。在同安区，我和一些国企进入前格村做民宿，力图把村庄里的历史文化和现代元素结合起来，我对汀溪白酒的品牌设计和产品升级也投入许多心力，受到政府和企业的好评。

我还尝试把闽南文化编成具有象征意义的故事，让远方的客人贴近闽南，了解它的内涵。比如"面线"的故事，面线很长很细，"面"用闽南语来念，与"命"相近，所以面很长即"命很长"，长长的面线寓意长命百岁，祝福。把类似这样的故事讲给游客听，让游客不只是满足口腹之欲，而且获得文化享受，不仅口齿留香，还津津有味。厦门有很多名人,厦大的第一任校长林文庆;孙中山的第一任夫人,也是与他生活最久的夫人,陈粹芬……值得我们继续不懈地去开发挖掘。我们闽南文化研究会和台湾等海外朋友联合举办了郑成功文化节、保生大帝文化节,这里头虽然是宗教信仰的东西,但和文化创意产业也有关系,信众来了,也会产生一些经济的活动,宗教活动中也可以创造些经济效益。闽南文化要成为有生命力的资源,一定要把文化传统和文创产业(旅游,工艺品的生产甚至茶叶的生产、酒的生产)相结合。社区文化,茶产业,酒产业,工艺品的产业,饮食产业都需要地方文化的支持。去年,我带几个同学,帮厦门海旅集团做旅游发展规划,借鉴台湾民宿旅游、医疗旅游、工业旅游、休闲渔业旅游经验,充分开发我们的旅游资源,这其中,也有许多闽南文化要素,应该说是,从闽南到台湾,经过现代化的洗礼,又重新回到闽南的极富生命力的经得起岁月冲刷的文化元素。

闽南是一个很奇妙的地方,中国这么大,文化古意盎然或者古早味较多存留的地域有两个。一个是闽南,另一个是湘西。神秘的闽南文化元素比如惠安女,还有一些畲族的文化,泉州有伊斯兰文化,还有摩尼教遗迹……这些对外来人简直是一种蛊惑,其中的文化密码,需要我们去努力把它们挖掘出来,然后让它具有现代的生命力,具有吸引力,成为电影、影视、戏曲的源头,形成工艺品,成为文创产品,成为文化创意园区。这需要和很多单位进行合作,把地方特色表现出来。对闽南文化要热爱、酷爱,才能入;但又要冷静,甚至冷眼旁观,与各种文明进行比较,才能出。这是一个循环往复的习得,入而复出,出而复入,几度出入,最终达到自由出入的境界。这是我期盼的研究境界,身不能至,心向往之!跳出书斋,把案头研究的成果跟老百姓的日常生活和经济活动结合起来发挥它的社会效益;两岸闽南文化交流也要继续发展起来;还有闽南文化教育承传，让研究的成果可以通俗化，让一代代小学生、中学生也了解，需要花心思，把它变为一种每个年龄段的人都能吸收的养分，使大家喜闻乐见、津津乐道，让闽南的子弟体验、认识和喜爱闽南文化的美和善。

你问我未来的学术规划，我是个随性的人，但心里有若干题目，一是关于闽南文化的基础理论研究，二是福佬文化与客家文化的比较研究。学术上的问题还需要深入探讨，比如：什么是开放，什么是保守。也许是多年一分为二哲学的影响，学界认为非黑即白，喜欢二元的东西，其实中国哲学是可以平衡的，是寻找"中道"。只有把理论的问题搞清楚，做事才不会偏颇摇摆，维持一种平衡，找到一个中心点，找到一个支点。只有在思想方法和研究态度上有突破，才能真正带动局部的细节上的突破。

文化守护　诗意栖息

简介：黄念旭，厦门市非物质文化遗产保护中心专家组成员，厦门市南乐研究会会长，厦门市闽南文化研究会原副会长，厦门市文化馆原副馆长、副研究馆员等。长期致力于闽南文化和厦门市非物质文化遗产保护与传承工作。编著有《南音》《趣味闽南方言词语》《菽庄吟社现代诗集》《莲花褒歌》等书籍；发表研究论文三十多篇，获得多项奖励。在金砖国际会议期间，为习近平主席和普京总统做闽南非物质文化讲解。

曾经的地方戏曲主唱（黄念旭供图）

　　我出生长大在闽南文化与外来文化氛围浓厚的鼓浪屿,家里旁边是闽南四落大厝和兴贤宫。小时候就爱听南音、看社戏,读小学时常参加学校的说弹唱跳表演。刚上初中时,厦门歌舞剧院到学校来招收新演员,我不到 15 岁就被选上了。在剧院里,我学习歌舞和地方戏曲,学歌仔戏、学民歌民谣。1977 年,组织上为培养我演歌剧,派我到上海歌剧院学习,回来后在歌舞剧《双连杯》、歌剧《货郎与小姐》、乐舞剧《南音魂》等剧目中担任重要角色。在厦门歌舞剧院工作十几年后,我考上厦门大学中文系。读书期间,对中国历史文化和地方民间民俗文化保护有了新的了解,对家乡闽南文化有了进一步的认识。毕业后有机会接触更多民间文艺、民俗和艺人,常常被他们热爱乡土、热爱闽南文化的精神所感动。

　　2006 年,全国开展非物质文化遗产普查,市文化局领导让我具体负责这方面工作,着手组建非物质文化遗产普查队伍,开始全市的非物质文化遗产普查。在当时,非物质文化遗产是个新概念,非物质文化遗产这一名称,有人还不理解,但是非常热门,是个热词,"非物质文化遗产"当选过 2007 年、2008 年全国评选的网络十大热词。中国加入《保护非物质文化遗产公约》后要按照国际惯例办事,所以把以前提的"民族民间文化遗产"改成了"非物质文化遗产"。我进行非物质文化遗产普查工作,因为有从事民间民俗文化保护工作的基础,所以很快就进入了状态。全市非物质文化遗产普查工作开始后,当时包括市里、区里、村居都发动起来了,召开普查工作座谈会,发送了好多宣传资料,包括街道、村的资料,我到全市 6 个区为 800 多名普查员上辅导课。普查发掘了许多古老的照片,老人、老教师还有一些老地保都参与进来了,群众的积极性很高。厦门市非物质文化遗产普查涵盖的项目有十几个门类,调查的线索就有 41178 条,调查的项目有 6812 个,全市 6 个区统计起来,记录的文字有 2860000 字,录音有 60 个小时,录像 49 个小时,文字资料有五十几册,还有照片有七八百张等,每个区后来都形成当地自己的非物质文化遗产资料库,基本摸清了厦门非物质文化遗产的种类、分布和生存状况。我们经过分门别类的梳理,把具有历史价值、文化价值和影响价值的筛选出来,经专家论证,领导审批,社会公示等,最后确立了厦门市的非物质文化遗产体系和代表性传承人体系。我们市遗保护中心还被省文化厅评为全省非物质文化遗产普查先进单位。

目前厦门市市级以上的非物质文化遗产项目共64项,其中世界级的1项(南音),国家级的有南音、漆线雕技艺、答嘴鼓、歌仔戏、高甲戏、保生大帝信俗、中秋博饼、闽南童谣、讲古、闽台送王船和蜈蚣阁、闽南传统民居营造技艺共12项,省级的有34项,市级的有18项。国家现在对非物质文化遗产项目级别要求越来越规范,要求国家级的项目必须是省级的,省级的项目必须是市级,市级的项目必须是区级的。目前厦门市区级的项目也有六十几项。通过普查确实了解到、也发现了很多流传在民间的祖辈留下的宝贵遗产,如果不把它们记录下来,不把它们整理出来,真的是过了几代就慢慢淡忘掉了,一些老祖宗留下东西也就没了。我市非物质文化遗产保护目前大体上分为三种状况,一种是做得好的,比较有基础的,再通过保护传承,在社会上一直保持好的作用;再一类就是通过普查把它挖掘出来、整理出来,继续传播,把它发扬光大,可以不断保护传承下去的;还有一类就是濒危的、快要灭绝的,传承比较困难的。另外,从保护的形式上来说,我们可以采取多种多样的保护,一个是记录性保护,在保护传承中要推广、要应用,包括应用在社会生活中,可以进入寻常百姓家,为日常生活服务;还有一种可作为产业开发利用,能够让它创造更多价值,除了它的文化和社会价值,应该还会创造财富,创造些经济效益,跟我们的生活密切相关,能够把它的保护和发展创新结合起来。

一、珠绣艺术，厦门曾有过的辉煌

厦门珠绣在闽南曾经非常有名，珠拖鞋、珠挎包在那时代表了闽南厦门的名牌。厦门的外贸出口主要商品之一就是珠拖鞋和海堤茶叶。但是到了上世纪七八十年代，由于国企的改造、市场的变迁和经济的冲击，并随着老艺人的年纪大了，退出了，珠绣手工艺品就慢慢消失了。上世纪末以后，厦门基本看不到珠绣，也没人提起珠绣，但是一回忆起珠绣，老厦门人都会说当时的珠绣多风光、技艺多不容易，太有代表性！我们做普查工作的时候请老同志座谈，一些老厦门人都说要把珠绣保护起来。因为珠绣的历史不单单是在60年代，甚至民国，还更早，清末时期大同路就有珠绣一条街了。珠绣技艺是老祖宗留下来的，它蕴含着丰富的文化内涵，它是怎么来的，它的工艺，穿针啊，缝的、绣的、刺的都是非常的精妙。我记得当时为了保存这个项目，市里包括省里有关领导也跟我们讲"厦门珠绣你们要保护挖掘出来"。为了这个项目，我多次到原来旧的厦门珠绣拖鞋厂了解情况，那里已经破烂不堪，只剩下两三间黑乎乎的仓库，还有一个退休的老厂长。杭老厂长在那里值班，他说他每天就早上看看，坐坐，白天守着，晚上回去就把大门锁起来。那里头黑黑的、有蜘蛛丝，乱七八糟的模样，看起来是很可怜，很萧条的状况，我们就找到他说我们是文化部门，现在做非物质文化遗产普查，来了解珠绣的状况，他跟我们讲："没有用啦，老艺人走的走、年轻人也不喜欢、社会上也没有需求，恢复不起来，白费劲"，我们三番五次做他的工作，跟他说："不是马上要怎样，就是先把以前辉煌传统技艺记录下来，把它整理出来，至于它能不能再生产、产业化走上市场、受到欢迎，那是之后的事，因为现在再不记录，等老艺人走了，到时候就完全失传了。"在我们再三要求下，他才带我们去认识了一些老艺人和过去的师傅,找到的有七八十岁,也有八九十岁的,都是基本做不动珠绣这一手艺了,但是我们还是不厌其烦地去找他们了解、探讨,包括珠绣的历史,厦门流传、生存状况,目前的一些困难、危机,今后有没有发展的可能,把采访内容记录下来。几次斟酌整理成文本,最后申报非物质文化遗产项目文本通过了专家的审议,也进入了市级、省级的项目。目前珠绣通过传承人谢丽瑜等的努力,保护传承已经出现好的状况。当然,现在整个社会状况和市场也和以前不好比,以前比较单一,现在更多元化,进口的、出口的、各种各样的,选择的余地很多,但是作为一个曾经在这里生存过并辉煌过的闽南传统工艺、技艺,我们把它记录下来是非常有必要的。它真正保护传承复原以后,代表厦门市参加北京博览会、去台湾等海外的展销还是取得了良好的效果。对珠绣的创新、研发所需的资金、力量也还要加强,但是可以告慰的是我们在它最困难、几乎消失的状况下把它挖掘、保护、传承下来……

二、答嘴鼓声声,那些刻在唇纹的乡音

答嘴鼓是具有闽南特色的喜剧性说唱艺术,它运用生动活泼、诙谐风趣的闽南方言词语、俚俗语,以闽南方言复杂而有节奏与音乐美的音韵结构组织笑料,注重情节描述和人物刻画,以爆笑为主要艺术手段吸引观众。答嘴鼓历史可以追溯到戏曲的"念四句"、答鼓"拍嘴鼓"和民间那些集市声——叫卖声、吆喝声,如卖水果的"杨梅真便宜(ggi)啦,一斤五占钱(zni)啦,要买紧来试(ci)啦,毋买等明年(ni)啦"。答嘴鼓近似我国北方的对口相声和数来宝,但又不尽相同,它讲究押韵,类似顺口溜。它最初是上世纪30年代,台湾民间艺人蓝波里(宋集仁)吸取闽台民间文学的养料,创作的

"四句联"、方言故事诗和拍嘴鼓等。在闽南地区的艺人是林鹏翔，是一个长期生活在民间的老艺人，他对厦门这种民间方言特别有研究，他非常幽默，讲话也是口音腔，把厦门的话倒来倒去。他是板车工人，在第二搬运公司跟板车工人们一起工作之余就练仙敲嘴鼓，把在民间广泛流传的一些闽南语、地方方言组织起来。后来真正作为一种登台演出的闽南话说唱艺术是在七十年代，台湾的宋老师（艺名蓝波里）到厦门来，我当时在歌舞剧院，还看过他的表演，看他们在一起创作。蓝波里把台湾的一些地方方言带到这里来，和林鹏翔交流，他们非常投缘，觉得应该创作一种新的剧种，所以答嘴鼓真正确认名称是在70年代。在那个年代，娱乐生活非常少，除了样板戏，基本上没有，所以答嘴鼓特别受欢迎，它以亲和、诙谐、生动的形象在舞台上表演，比较出名的有《唐山过台湾》《庆新春》。70年代，林鹏翔创作出了很好的答嘴鼓作品，培养了高徒杨敏谋和尤国栋，敏谋高高瘦瘦，国栋矮矮胖胖，被称为"活宝"。十年前，我带他们到金门表演答嘴鼓专场，金门县县长李沃士看了演出后很高兴，马上题词："答嘴鼓真正赞!"记得小时候鼓浪屿海坛路上有个讲古场，我经常随外公去听讲古，那讲古的形式就是答嘴鼓的前身，从讲古演变传承过来的。现在厦门有答嘴鼓国家级、省级和市级传承人，传承工作做得不错。在集美区和翔安区等地都有民间表演队伍，一些爱好者很喜欢这种形式表演。我们也有搞进校园活动，像现在的工商旅游学校，办一个答嘴鼓班，就有五六十个同学报名，关于答嘴鼓表演，我跟学生们讲：学习答嘴鼓，你可以了解闽南文化知识，掌握这个表演形式，可以作为表达能力、头脑思维和语言处理的一种本事。你和人的交流、交谈，都会言语流畅，讲话清楚，让你的思维更敏捷。厦门市不少中小学非常重视闽南文化教育，厦门实验小学集美分校专门开辟了闽南文化园，用文字、图片、实物等展示闽南文化；集美区举办少儿答嘴鼓夏令营，在充满童趣和幽默的表演中培养孩子们对答嘴鼓的兴趣；思明区青少年宫创作演出了少儿答嘴鼓节目参加学校艺术周；思明区瑞景小学小朋友表演答嘴鼓赢得满堂喝彩。像"读册歌"比赛，很多学校都组织答嘴鼓表演队，去年翔安新圩古宅小学有一个群口答嘴鼓，六七人一起讲答嘴鼓，创作一个节目叫《不知半项》，把它编得非常可爱，代表厦门市在福建省首届"丹桂奖"少儿曲艺比赛中获一等奖，代表福建省参加第六届全国少儿曲艺大赛，获得二等奖。

三、南音袅袅，悠扬旋律永驻心田

南音又称南曲、南乐、南管、弦管，主要由"指""谱""曲"三大类组成，是中国古代音乐保存比较丰富、完整的一个大乐种，是中国最古老的乐种之一，被称为"音乐活化石"，它汇集了盛唐以来中原雅乐之精华，后来又吸取了元曲、弋阳腔的特长。晋唐中原汉族移民把音乐文化带入以泉州为中心的闽南地区，结合闽南地区一些特点，跟我们当地民间音乐融合，逐步形成了具有中原古乐遗韵的文化表现形式，在泉州等讲闽南语地区为主流传，亦流传至台港澳地区，甚至有华人，有华侨的地方都有南音。在厦门，有历史记载到明清时期，南音特别的发达，因为当时五口通商，很多音乐都在我们这里汇集，南音几大名人如林祥玉、林霁秋和纪经亩，这些南音界公认的大师，也都是从厦门口岸出来的。厦门现在有国家级传承人、省级传承人、市级和区级传承人。厦门南音的传承从解放初到现在都没有断过，民间也好，专业也好，活动一直非常活跃，正式登记的南音社团组织有三十多个。我从小就去鼓浪屿龙头南音社听南音，以前厦门人民广播电台开播曲是南音《梅花操》。1985年，我在北京文化管理干部学院学习，参加了民族文化宫《华夏歌声》音乐会,那是中央音乐学院和中国音乐研究所专门为研究南音而举办的。上个世纪八九十年代,厦门要创作排演大型乐舞剧《南音魂》,是以南音的历史和以孟昶热爱、保护南音及其与花蕊夫人的爱情故事编写的。我饰演男主角孟昶,经过几个月苦练唱段加上表演上的努力,代表厦门市参加福建省第十八届戏剧会演,得了演员奖。十年前厦门南音研究会换届,我担任南音研究会秘书长,做南音社团具体协调工作。十几年来,与南音接触更多了,对南音有了进一步了解。南音内涵非常丰富,旋律非常美,特别这几年南乐团培养了一批优秀的年轻演员,加上一批老同志非常热心投入地教授南音艺术,目前保护传承的状况还是不错的。现在南乐团也还在中山公园传播南音,每周日都有公益演出。南乐团不但接待外宾,也去东南亚、台港澳等地区甚至欧洲出访。南音在厦门有一定的影响,厦门的南音事业也在不断发展。像同安区、翔安区都很有基础,相对来说,岛内还比较少,特别是年轻人不太了解南音。2015 年 8 月,厦门市南乐研究会改选换届,选我当第九届会长,这下子担子更重了。上任后我虚心向老前辈学习,团结大家一起振兴厦门南音事业,努力保护传承好优秀的中华民族瑰宝。现在南音在厦门传播传承状况不错,近年来厦门岛内外有越来越多的南音爱好者,一年一度的南音比赛推出了不少新人,我们开展南音进校园活动、建南音特色校和示范点的工作初见成效,厦门市南乐研究会工作也有声有色,引起了政府文化教育部门和社会各界的重视。我们要充分利用闽南话、闽南文化这个富有特色的形式,让大家共同感受中华民族传统文化的魅力所在,多去听那词曲清丽幽雅、旋律柔美的南音,让犹如南国夏夜的玉兰花香,沁人心田的乐曲使我们静下心来,在快节奏的社会里留有自己的一隅天地和空间。

四、金砖会议，闽南文化大放光彩

2017年，金砖国家领导人会晤在厦门举行，9月3日那天晚上，习近平主席和普京总统在厦门共同参观福建非物质文化遗产展。我有幸作为讲解员全程陪同讲解介绍，见证两位领导人对福建非物质文化遗产展的赞赏和高度评价。

19时5分，习近平主席和普京总统来到展厅，见面握手后习近平主席走向闽南影雕展位，亲自向普京总统介绍了闽南影雕和惠安女服饰的特点。在黑胆石雕刻《兰闺雅集图》前，普京总统驻足观看，我解说这幅作品曾获得全国民间工艺银奖，艺术家要花半年多时间，凿上12亿个针点才能完成，普京总统表示赞赏。接着两位元首来到木雕作品《事事如意》前，习主席对普京总统说，这是福建的莆田木雕。我接着说此件作品取材于天然枯树根，上面雕有56只栩栩如生形态各异的狮子，象征着中华56个民族紧密团结在一起，采用了精微透雕的技艺，三位艺术家耗时三年才完成。普京总统兴致勃勃地拿起放大镜仔细端详，还问传承人手上雕刻的作品是什么名称。接着两位元首来到漆线雕前，我详细地介绍了它的历史、工艺、配料、制作过程，普京总统饶有兴趣地听着，然后俯下身认真地看传承人制作，他问说这工艺是不是很难，不能出点差错，传承人很有礼貌地回答：是的，要学会这行工艺需要经过很长的练习时间。接着我向两位元首介绍了一件福建脱胎漆器和厦门漆线雕工艺相结合，花了一年时间制作而成的作品《神武大元帅》，告诉他们大元帅前胸后背各有一对虎，突出其神武，普京总统听后还特地看了《神武大元帅》的前胸和后背，然后转过身微笑点头并伸出手来和我握手。我还介绍了大漆工艺《花开富贵》这件融入中国传统工艺和现代审美的漆器作品，两位元首边听边看，点头称赞。讲解结束后，习近平主席亲切地和我握手，普京总统也再次和我握手。

回忆起当时的情景，我激动的心情仍久久不能平静，习近平主席对福建非物质文化遗产和民间传统工艺是那么熟悉了解，普京总统对中国的传统工艺的兴趣都让我感到十分感动！三个月前我接到担任解说任务后，深感责任重大，对拟展示的项目做了进一步深入了解，包括其历史、工艺、技术、传承、特色等方面的要素，还和有关单位传承人进行交流沟通，查阅大量资料，精心准备，终于圆满完成了任务。

五、传承闽南文化，我们一直在路上

鼓浪屿申报世界文化遗产期间，为弘扬菽庄爱国爱乡精神，传承百年文化传统，2016年6月有关部门决定恢复重建沉寂多年的菽庄吟社。具有百年历史的菽庄吟社由菽庄花园主人林尔嘉创建，汇集了当时闽南、台湾等地千名诗人，在全国颇具影响。重建仪式上群贤毕至，名宿遥临。文化界人士及林、龚二家（林尔嘉及其妻族）亲属等数百人在菽庄花园汇聚一堂，共同见证揭牌仪式。中断70多年的菽庄吟社重新焕发出生机，琴岛文化领域也因此再添一笔厚重文韵。因我是龚家亲属等原因，社员大会上推选我当社长。

重启后三年多来，我们开展了多种形式的活动，以诗文传承菽庄文脉，吟唱琴岛的美丽，彰显鼓浪屿深厚的文化底蕴和闽南特色。为更好地传承闽南文化，菽庄吟社成员和社会热心人士，在短短的时间内，创作编写了几百首与闽南、鼓浪屿和菽庄花园有关的诗词，从历史、自然景物、人文、现状、憧憬等方面抒发自己的心声。作者中间有德高望重的老前辈，有年富力强的中青年诗文家，也有

推广闽南文化与非遗保护（黄念旭供图）

初出茅庐的少年才俊。他们对闽南文化和鼓浪屿的家乡情怀无不跃然纸上。我们还创作、排演情景剧《百年菽庄·鼓浪风华》，编辑出版《菽庄吟社经典诗词选读》（包括闽南语吟诵），组织承办了两百多场岛上的音乐艺术活动、承办鼓浪屿中秋文化节、菽庄花园重阳游园诗会、鼓浪屿诗歌节等大型文化活动，成为鼓浪屿申遗成功后一股生动鲜活的文艺力量，为保护传承鼓浪屿文化遗产、弘扬闽南文化，做出自己的贡献！闽南文化是中华优秀文化的重要组成部分，其内涵丰富，影响深远。习近平总书记说过"闽南文化大有文章可做"。我们要牢记肩负的使命，为保护传承中华优秀文化，把弘扬闽南文化进行到底，努力开拓、扎实工作，保护和传承闽南文化，我们永远在路上！

夏 敏

惠安民俗情怀

简介：夏敏，1985 年毕业于西藏民族学院。现为集美大学文学院教授，兼任中国文学人类学学会理事、福建省民间文艺家协会副主席、福建省民俗学会理事、厦门市作家协会副主席。主要从事民间文化研究，兼闽台区域文化研究。著有《红头巾下的村落之谜》《闽台民间文学》《明清中国与琉球文学关系考》等书，发表近百篇学术性论文。主持国家社科基金项目，曾获得中国民间文艺山华奖等。

2012 年主持国家社科基金项目

作为苍南人,来到厦门这座美丽的鹭岛已经二十余年了。最先吸引我的其实不是这里的本土文化,而是厦门的市树、市花,我在一篇散文中写道:

记得是 1995 年的夏天,初到厦门,我在鼓浪屿的深巷里七弯八拐后,就被这里一种绿叶上布满红花的树吸引,远远望去,红一层的凤凰花由一层葱茏的绿叶给托着,目光下移,又见一层红花铺撒在另一层绿叶之上。凤凰花就这么红一层绿一层地开满了厦门的每一个角落,厦门的楼宇一年年地升高起来,街道也因其不断变更而显得陌生起来。可是凤凰树每年花期一到,并不顾这个城市的变化,依然故我地开放。让人从这个城市日新月异的变化中,找到了一丝怀念的理由来,我也因爱上凤凰花而渐渐爱上厦门这个城市。(《我爱凤凰花》)

从那以后,我陆陆续续地对厦门的文化有了一点点的了解。

开始的时候,对厦门本土的文化并不是很关注,对它开始感兴趣是有一定契机的。我来福建是因为做惠安文化的研究才真正意义上开始关注闽南,1998—2000 年,厦门大学彭兆荣教授主持了文学人类学笔记丛书,九个作者各写一本。有一本是我写的,书名叫《红头巾下的村落之谜》,由上海文艺出版社出版。因为惠安文化研究之故,也就与研究闽南文化的一些学者有了交集和联系,有时还一同开会。

已故著名人类学家陈国强老师很关心我的惠安研究。当初还为我写了课题推荐信,他多次邀请我到他府上去聊如何对闽南文化进行多角度、多学科研究。我们共同的认识是,研究民间文化,既可以从人类学角度做,也可以从民俗学角度做,学科之间有重合,也有倚重。我也一直用这种态度,观测闽南文化。

后来，我也慢慢关注厦门本土的文化。还有一个渊源是我的家乡浙江苍南县多数人讲闽南语，是历史上闽南移民的结果。尽管都讲闽南语，但是浙南跟厦门的闽南语的差别是很大的。共同点也有很多。比如生活方式、方音之类都有一定的相似性，这也成了我关注闽南文化的重要原因。我对厦门本土文化的关注与研究是不能跟闽南文化文史学者相比的。我更多关注的是大闽南，是闽南文化辐射到的台湾、潮汕、雷州半岛、浙南以及东南亚闽南人聚居的地方。我以为，把眼界放远一些、宽一些，才能找到闽南文化的流变。我这么想，也这么做。所以，厦门本土的文化研究在我的学术份额中，还不能算是特别重要的。所以，惠安研究之后我的闽南观测，只能算是在打擦边球，至多是给研究闽南文化的朋友客串捧场敲边鼓而已。

从身边厦门的人文历史入手，认识闽南，总结特点，不失为便捷途径，厦门文史学者陈耕先生最近起意做厦门学研究，这也是深化厦门的闽南文化的重要尝试。我的学生在厦门读书，有的原籍厦门，我常常利用我的"民俗学""民间文学"等课，给他们布置田野调查作业，指导他们采集闽南文化资料，既可帮助我更好地关注闽南文化，也可以培养学生对闽南文化的深入了解和对传统文化的珍视。

我为何会关注文化，关注区域文化，关注少数群体的文化？这跟我的个人经历有关。我是浙江人，但从小在西藏长大。父亲是一名军人，1950年代中期随军进了西藏。我的兄弟姐妹们一个个就在西藏长大。藏族人全民笃信藏传佛教，他们的世界观与汉族人有相当大的不同。由于成长背景不同，以至于从小到大我的生活方式及思考问题的角度，就跟内地人不太一样。西藏人喝酥油茶，讲藏语。那里人与人的相处方式是不一样的，生活习惯、服饰着装，都跟内地不一样。人类学中有一个说法叫"童年决定论"，大意是童年所接触的东西给你带来终生的影响。人出生的时候都是一张白纸,可是生活方式不一样、文化传统不一样,思维方式不一样,表达的语言不一样,也就成了不同的群体。我每到一地,都会比较此地与其他地方的不同人文特征。到了福建,就寻找福建与别处不一样的地方。不仅语言有差异,人们的个性也不一样。

我很小就随父进藏,在西藏生活了 13 年,在陕西又待了 14 年,离开陕西到福建也有 23 年的生活经历。撇开血缘,严格意义上我不能算是浙江人。我是一个走哪算哪,随遇而安的人。一直把自己视为生命中的一个过客,就像我的书名《客居明月下》。我无论走在哪里,习惯比较它跟曾经生活过的地方之间的文化差异。从青藏高原到八百里秦川再到现在的东南沿海,个人感觉研究人类生活方式的人类学,比单纯研究地方性知识的民俗学更能激发我的学术兴奋点。2015 年,因为做国家社科基金项目去了趟日本,发现日本人的思维方式和行事风格,跟中国人完全不同。所以,到不同的地方感受不同的文化,结交不同的朋友,迫使我从文化的角度看待不同族群共生的这个世界,所以我对文化研究一直保持浓厚的兴趣。每当有人提到文化,我会比别人更激动。我在学校里讲授"中国文化概论""民俗学""民间文学""非物质文化遗产学""民间艺术鉴赏"等文化类课程,都显现了我对文化的特别关注。即使搞文学创作,写诗歌,出散文集,做文学评论,开展学术研究,也总是把自己对文化的理解带入其间。

真正感受闽南文化也是到闽南之后,尽管我老家属于闽南语的文化圈,但历史上从闽南迁徙到浙南的"闽南人"后裔跟温州人的思维方式已经大同小异了,生活方式反而跟闽南有很大的区别。因为不在老家长大,浙南的闽南文化对我的影响并不十分明显。我来到厦门之后,我发现当地厦门人跟我们接触到的别处汉族人有着明显的地域差异。而闽南人在家乡并不觉得自己有什么特别,但是跳出闽南看闽南,闽南人就会觉得自己是汉族中独特的群体。比如闽南人的民间信仰,就跟别处不一样。比如说各种王爷、千岁,或者清水祖师、保生大帝之类,非闽南地区就很难见到。来厦门生活二十多年,去了安溪、惠安、德化、华安、南靖、同安,去了城市文化影响较小的小地方、小村落去看,我发现真正的闽南在这些地方,而不在闽南都市的高楼大厦里。跟厦门相比,漳州、泉州才是相对正宗的闽南,厦门的所谓"闽南文化"已经变了味了。今天的厦门更像一个国际化的闽南或者说是现代都市化的闽南。从闽南文化原生态讲,厦门并不能算是真正意义的闽南。厦门是闽南文化进入近代化和现代化之后的"后起之秀"。如果把厦门当作传统闽南文化的典型或者典范,那是不配的。

我对闽南文化了解更深,着力更多的还是惠安。惠安一直以独特的服饰和婚俗闻名于世。对惠安的服饰,民间有个略带讥讽却不失贴切的顺口溜:"封建头,民主肚,节约衫,浪费裤。"当地人告诉我,惠安女人的头巾多数是蓝色的调子,是那种使人马上联想到大海的蓝色。我初来福建那会儿,曾在一学生邀请下前往惠安东部的山霞、涂寨、大岞等地,这些地方的已婚女性多数头戴蓝头巾。听人说只有小岞女人的头巾是红色的。于是我决定见识一下这一片蓝头巾中的红头巾——惠安女中戴红头巾的小岞女人。我很快把脚步迈进了小岞,真正开始了惠安研究。惠安研究成就了我在福建写下的第一本书。密集去惠安做田野调查的那段时间很艰辛。那个时候没有动车,没有高铁,没有高速,交通非常的不方便,往返都是自费。当时我还算年轻,三十几岁,只想着到福建来,一定要给福建做一个贡献,于是惠东的小岞成为我启动闽南文化研究的首选。

小岞调研艰苦,却也充满了诗意。走在蜿蜒的小岞小路上,但见黄斗笠覆盖下的红头巾像一团团红色的渔火,游动在乡间的街道、小路和海边，执拗地构成了小岞妇女独特的着装意识与习惯。我问他们为什么选取红色而不用惠安女性通行的蓝色，没有人能够回答我的问题。经验告诉我，头是思想的寓所，情感的储库，装点头部正是为了强调内心。在惠安，红头巾是识别小岞人的标志。在海天的蓝色、石头房的灰色、日月阴影的黑色氛围中，红头巾永远是小岞最鲜艳、最热烈的色彩。

1999 年惠安田调落宿小岞陈玉兄先生家

　　红头巾只是惠东女子族群认同与身份认同的一个符号。头巾里面却藏着不为人知晓的神秘的世界。惠安女子面对生活压力的办法就是看起来让人不解的一些民间信仰。文化不仅从衣食住行方面得到直观显现，更要联系人们的信仰和仪式生活才能加以合适的解释。在惠安，女人们可以烧香拜佛，却不能进宗祠（祖厝）。惠安的宗教信仰是有男女分别的。我们注意到，福建女性的神灵是很多的。上到妈祖、观世音等，下到陈靖姑、九天玄女、注生娘娘等很多女性的神灵。这就显示出了民间文化的地域性。福建作为一个海疆省份，海上救苦救难的不是男神，而是女神，是妈祖，说明福建不同于中国其他地方,社会的中层和底层还是为女性留有了一些空间和地位的,民间说法中"好男不娶福州女",说明福州女的社会地位和文化地位一定可以叫板男子。但是,福建也有歧视女性比较极端的地区,就像惠安。惠安女缓解歧视的办法,更多体现在宗教信仰方面,女神的数量相对其他地区显然是更多了。个人觉得,在福建这个地方,女性的地位比较高。福建的宗教信仰有多种层面,有成熟的、发达的,也有普通民众出于自我保护为目的的民间信仰。福建是一个神灵比较多的地方。神灵的存在就是满足当地人的不安全感,这大概也是因为福建是沿海省份,存在着很多风险的职业(比如海洋渔业),所以需要祈求安全的地方有很多,这时候也只有求神祈福可以给予他们精神上的依托,提供一定的安全感。所以福建的宗教信仰是具有一定的地域性的。为什么女性的身份在神灵这一形式上会得到凸显呢,那是因为传统社会,福建女人的作用更多体现在家庭生活中,家庭中的女性是需要某种神圣地位的,于是神明也常以女性面孔出现。中国自古有一种男尊女卑的生活模式,但是在福建,女性地位可以适当地提高一点。福建民间女人积极参与烧香拜佛的事情,外地人可能会觉得只有神才能让她们感受到公平,福建女人并不这样看,她们相信拜神会给女人成神带来方便途径,并不是女性就一定低人一等。于是妈祖就从一个海上的救难神变成了万能神,于是男人出海都要拜妈祖,认为出海遇到危险也能因此都化险为夷。这也说明了福建的男人对这些女神也是非常的认同,正是因为这种文化,所以女性的位置也是受到了认可。在我看来,这一点和北方存在很大的区别,福建并不跟北方一样,它不存在非常严重的重男轻女的现象。这也侧面地体现了福建闽南文化这样的一种特殊性。

对于本土文化的传承,我以为首先要全面提高官员的个人素质,官员珍视传统,民间才会真正尊重。官员要相信民众有能力操作自己的文化，而不需要官方来指点。对传统文化相对陌生的年轻人要做的，是对传承传统文化做积极的介入。多向尊重传统的别国、他地的人们学习，教育方面要复兴并推动传统文化。作为现代闽南中心城市的厦门，有责任宣传闽南文化，不能在本土自娱自乐，要让更多人去关注闽南文化，让别人知道厦门人很尊重传统文化。

我来到厦门以后关注闽南，是从惠安开始的，惠安让我爱上了闽南文化。从文化上看，惠安实在太特别了，太特殊了。在外界，惠安女简直就是福建的形象代言人。当初到惠安做田野是很不容易的。到了双休日就买票前往实地调研，我的着眼点不是为了还原惠安传统文化，而是追踪惠安社会文化的变迁，这种研究是非常有难度的。下实地调研，首先语言是一大障碍，访问人群大部分不会讲普通话，我就让我的惠安学生帮忙做翻译，死乞白赖住在学生家里，好不容易申请到一点惠安研究的省级课题，勉勉强强支持自己完成了惠安的研究，并出版了写惠安的闽南社会文化变迁的第一本书《红头巾下的村落之谜》。

我在书中谈到的惠安东部的小岞，绝对是独特的"这一个"。书中记述了别处看不到的一个小地方独特的传统文化，充满了神秘色彩。家家户户都供奉着只能用惠安闽南话才能叫得上名的各种神灵，房前村后都是土地庙。戴着红头巾的小岞女人，给人的视觉冲击很大，人们通过这种特殊着装，进行地域群体的认同。同样是讲闽南话，惠东人和别处的人是如此不同。男人出海打鱼，女人在家农耕、打石造屋。男人出海，往往一出去就是几个月，女人在家承担起所有的家务。二十年前，惠东出现了两种新的谋生方式，一是进城做建筑，二是留在惠安做石材。惠安尽管属于闽南文化圈，但与别处的闽南明显不同。所以我的结论是，对闽南文化内部的复杂性要有足够的认识。另一方面，闽南文化历史悠久，自成体系的闽南方言交流是很方便的，方言区内部的闽南人们共同体的习俗和个性也有很多趋于一致的地方，以至于不同地域的闽南人又有相似的心理认同。比如说，闽南有首民歌叫《望春风》，讲的是一个女孩和一个男孩相爱，希望男孩来看她，月亮起来了，女孩弹着琵琶，就想起了男孩走进的脚步声。外地人通过这首歌词会觉得闽南人很诙谐，闽南人也的确有一种别具一格的诙谐和幽默。闽南人有很多歌谣和故事充满了机智、诙谐和幽默。厦门民间有一个故事叫《白贼七仔》，故事说的是一个叫白贼七的人擅长欺骗，人们用诙谐的方式来突出他道德缺陷；《戆仔婿》在厦门也是诙谐幽默、人们耳熟能详的民间故事。走进闽南之后，你会发现，不论惠安还是其他闽南地区，闽南人的有些特征是共通的。

《红头巾下的村落之谜》这本书的出版，给我带来了广泛的声誉。出版后十多年来，屡屡被学术界提起。中国文联将其评为"中国民间文艺山花奖"之"学术著作奖"，盗版书也出现了，网络炒作到一两百块一本，据说只能买到复印本和盗版本。国内很多著名高校将其推荐为人类学、民族学、民俗学专业博士生和硕士研究生的必读书目。云南大学将该书列入田野调查必读的 16 本书之一，位列第四。北京大学人类学博士吴银铃老师以《小岞村落生活的传统与现代——读〈红头巾下的村落之谜〉》发表在《西北民族研究》2016 年第 4 期。这本书的出版，引发我对闽南文化的更多关注，促成了我撰成《闽台民间文学》《傀儡戏与辟邪巫术》《土楼札记》等一系列关涉闽南文化的学术作品。

如今大量外地人以各种方式涌入厦门、泉州、漳州这些闽南城市，跟漳泉相比，厦门几乎是一个被来自全国各地的外地人占据绝大多数的闽南城市。改革开放以后，因为厦门是沿海城市、经济特区，交通便捷，经济相对内陆地区比较发达。大量的外来人口自然会对当地传统文化形成冲击。像厦门这种现代化的城市，更加容易感受到世界各地文化的强烈冲击。在厦门,普通话绝对是优势语言。而在泉州、漳州地区,普通话的优势并不像厦门那么明显。厦门的行政官员也以外地人为主。当一个城市被外地人管理,那么这个地方固有的传统文化就会发生一定的跌落与丢失。这股外来势力的入侵势不可挡。厦门本土的闽南传统文化该怎么办?从文明延续的规则上讲,当然要传承,要保护,要政府投资。但是传承保护的声音,非常地微弱。原因就在于"保护"要花钱,政府拿不出这些钱,厦门民间的闽南人被淹没在外地人当中,对保护闽南文化也没有太多的兴趣。于是传统文化保护越来越成为一个伪命题。一部分闽南人觉得痛失文化遗产,这样对闽南人不公平。这些年,由于受到现代文化和城市文化的冲击,不断有一些有识之士向政府提出保护闽南文化的呼吁,结果也是小打小闹。最典型的是沙坡尾的保护,呼声高,可是走的却是类似于丽江等地旅游休闲的路子,体现的是小清新、小情调。这种闽南,显得不伦不类。在厦门,闽南文化,谁来保护,怎样保护,这是一个非常专业的问题。厦门的官员和民众,都未能拿出切实可行的办法。

本人不揣冒昧,吁请政府不仅要建设一个经济特区,也要致力于建设一个公共的闽南文化特区,也就是本土文化特区。毕竟想要让每个人都讲闽南话这是不可能的,不现实的,但是可以建设一个本土的闽南文化的样板社区,作为闽南文化特区。建设这样的特区,不能把所有事情交给政府做,而是需要闽南人共同去创建。我这两年一直在做日本问题研究,我发现,日本一些传承传统的活动常常是百姓首先行动起来,全民介入对传统的保护,政府要做的主要是维护秩序,忠实法律就够了。关乎文化的保护、传承以及相关的创意产业,应该全部由老百姓自发去做。政府的角色,更多只是看客或者帮手,如果做得好,政府甚至还能从中牟取点利益。

在我看来,保护传统文化的关键是政府的观念要变。民众自

2004 年带领学生采访惠安小岞风水师李文晖先生

身的文化自觉也是十分重要的。进入厦门的外来文化也会跟厦门传统文化结合在一起，成为一种新型的本土文化。文化永远有自我塑造的功能。比如厦门的名吃沙嗲面，就是福建本土餐饮和南洋饮食的一种融合。过去，从厦门也带出去很多闽南文化，比如郑成功反清复明、拿下台湾是从厦门带兵开拔过去的，所以厦门岛内才有一个"思明区"，施琅从台湾摧毁郑成功后人的明郑集团也是从厦门出发的，现在厦门的将军祠（路名）就是纪念施琅副将吴英的；五口通商以后，闽南人下南洋，也是从厦门离岸。厦门跟台湾，厦门跟东南亚，早已形成一种血缘、地缘和文缘的关系。厦门是闽南文化辐射海外的一个重要的桥头堡。闽南文化流向台湾和东南亚，不能忽视厦门的历史功绩。也正是因为这个原因，我在厦门写出了小书《闽台文学关系》（福建人民出版社 2009 年），在这本书里，我以相当的篇幅撰述了两岸闽南人民间文学。

　　闽南文化的发展除了区域化、国际化发展之外，还要注意的是本土文化的自我教育。闽南人一方面有着爱拼敢赢的闯劲而在历史上将足迹探向海外,一方面由于地域上的优越性,又常常满足现状,缺少文化自觉性。如今,一些年轻的闽南籍父母不教自己的孩子闽南话,他们觉得说方言显得土气,认为讲闽南话是一种丢人的事。很多年轻人对传统文化不感兴趣。如何能提升他们对传统闽南文化的关切,社会又该对他们做怎样的引导呢?一味批评政府不作为是没用的,重要的是年轻人对传统文化要有兴趣,并自觉介入其间。如果年轻人对传统满不在乎,那么闽南文化将会丢失得更快。闽南文化不能以放到博物馆展览的方式来传承,人们可以成立闽南文化为主题的一些兴趣群体或社团,把年轻人的心思意念尽量向闽南文化方向靠,主动参加长辈的仪式性活动,也可以通过介入自媒体或动漫产业,来让更多年轻人喜欢上闽南文化。要以年轻人喜闻乐见的方式来传承闽南文化,抓住年轻人等于抓住了闽南文化的未来。

来到厦门,很多人会提到一个人,他就是陈嘉庚。他是一个特别具有民族情感的人,从故乡到南洋,从经商到从政,从民间社会步入上层社会,闽南民间文化是流贯他血液中的文化基因。他不仅是一个商界巨子,更是闽南本土塑造出来的文化精英。17岁以前,他一直生活在集美,接受旧时闽南的私塾教育,对集美的乡土民情耳濡目染。他的祖父在当地捕鱼,父亲在新加坡经商,当时,这也同样是陈嘉庚同龄的集美人眼中的现实生活。集美这一小小的乡土社会中人们的生活样式,为陈嘉庚日后的国家观念、民族意识奠定了基础。我写过一篇小文叫《陈嘉庚的民俗观探微》,我认为陈嘉庚先生的爱国爱乡与他深受集美乡土文化影响有极大关系,而这种影响终其一生,使滋养他的下层文化与其从上层社会所习得的精英文化,在他身上形成了特殊的整合,这突出表现为他对闽南物质民俗和精神民俗所持有的极具个性化的民俗态度。陈嘉庚写过一本小册子叫《民俗非论集》是讲述移风易俗的。作为传统意义上的闽南人，他思想上固然也有封建保守的一面（如敬祖睦宗观念、反对西方交谊舞），但他长期生活在南洋，是一个见过世面的闽南人，他对闽南文化中的陋俗又很鄙视，他在其代表作《南侨回忆录》不时批判闽南落后的传统习俗，有时对西方文化也常有拒绝、排斥的观念。他是个很复杂的人。下过南洋，有很多西方的观念，顺应新时代的潮流，但又是一个有着闽南文化思想包袱的人。他对家乡的感情很复杂。

新中国成立后，他做了全国政协副主席。不会讲普通话，在全国政协和侨联大会上的发言用闽南话，还得找人翻译，闽南文化的特征和印记在他身上非常明显。他跟人的相处之道，以及奉行的节约意识，就是闽南人身上特有的品质。陈嘉庚不仅是伟大的爱国者、著名的实业家，而且也是一位毕生致力于倾资兴学、具有文化前瞻性的伟大教育家。陈嘉庚企业达至顶峰时，也不过拥资一两千万元左右，在当时的华人企业家中，比他富有的人为数不少，但为国家和民族兴学育才，他始终如一地慷慨捐助，倾其所有，甚至利用他本人在南洋华侨中的威望，吸引更多侨汇支持抗日爱国活动和满目疮痍中的中国教育。这在富人中绝对是不常见的。而他自己却一生俭朴，陈毅副总理前来会见，他也只是用几粒水果糖招待。生于闽南，报恩乡土，造福祖国。这是个典型的闽南人，传统文化在他身上落地生根，他在南洋待多久也不会忘记自己是闽南人。闽南文化造就了陈嘉庚。

23年前，我因陈嘉庚的名字，从遥远的北国投奔闽南，闽南让我持续凝望这片土地上的风土民情和盛世繁华。

卢志明

"礼失求诸野"

简介：卢志明，《厦门日报》原主任编辑，长期从事闽台文化、海洋文化、民俗文化的研究，对闽南古建筑文化广有涉猎。著有《厦门闾里记忆》《血脉情相牵》；主编《鹭门古琴》《厦门青草药》《厦门与中国电影》（策划）、《邮说厦门》（副主编、策划）、《沧浪》（第一作者）；执行主编《毓秀青礁》《浪激贞庵》《涛涌鳌冠》《洪塘天竺》《灵动东孚》等。曾在《中国国家地理》《中国记者》《百科知识》等著名刊物上登载专文，在境内外发表学术论文多篇。多次获得全国性、省级等奖项。

一、见证厦门城市嬗变

我是 1984 年进入厦门日报社工作的，那一年在厦门发生一件具有重大历史意义的新闻——邓小平来厦门视察，并挥毫题词："把经济特区办得更快些更好些"。正是这一重大历史事件激励着一代代特区人不懈奋斗，推动着厦门从昔日偏居东南的滨海小城，发展成为今天欣欣向荣的现代化港口风景旅游城市。

作为一个初出茅庐的新闻小兵，周边涉及的事物，让我感受到了这个城市在悄悄产生着变化。

还记得刚进厦门日报社时，报社给我们每人 200 元，让我们买自行车用于采访,然后再从每个月的工资里扣一部分还给报社。当时每个月工资只有40多元,没有奖金。

1985年,有一位《人民日报(海外版)》的记者来厦门,我和他都骑着自行车采访,我们拍下了厦门第一张白鹭的照片。厦门的市鸟——白鹭现在已经是妇孺皆知,但是在1985年前很长一段时间,却很少人认识白鹭。我们报纸上还专门刊登文章讨论为什么没有白鹭的厦门会被称为"鹭岛",一种说法是认为厦门岛地形像白鹭,另一种说法是厦门曾经是白鹭的栖息地。1985年,报社接到群众来信称,在杏林湾发现白鹭丝,这是厦门人对于白鹭的叫法。当时我们的目的地是湖里,骑车前往濠头的路上还竖立着一个"厦门经济特区"的大牌子,经过筼筜海堤(现称筼筜湖,上世纪70年代围垦筼筜港,使它变成了湖)。当时的堤内是大片滩涂,我一眼看见了远处有一只白鹭在歇脚。我赶紧喊《人民日报(海外版)》的记者停下来,告诉他远处有白鹭,快拍。虽然那位记者一脸迷惑,但是仍然二话不说,掏出专业相机,按下快门,前后不到几秒,白鹭又再次飞走。之后,我向那位记者解释了白鹭对于厦门的意义,以及报纸上曾经刊登的争议,并且告诉他,他拍的这张照片,是厦门改革开放以来的首张白鹭照。最后,这张照片被刊登在1985年初的《人民日报(海外版)》上。

厦门城市在不断变迁,一些高级宾馆相继出现。老牌的华侨大酒店扩建并重新装修,而当时厦门最好的酒店是位于湖里区的悦华酒店。在鼓浪屿还有一座观海园,是厦门特区建设的一大亮点。那时候的观海园囊括了丹麦驻厦领事馆、丹麦电报大楼和许多侨房宅邸,当时是作为高级宾馆。这些见证历史的风貌建筑呈现出不一样的风采。

厦门宾馆的一处史迹也值得一提。上世纪80年代,厦门宾馆通常叫作厦门市交际处,后来挂上了厦门市政府接待处的牌子。

现在的明霄厅所在位置是日据时期建的日本神社,里面供奉着日军在华战死军人。记得有一个是日军特务头目来厦门时被爱国志士刺杀的,叫泽仲信,他的牌位就供在神社里。我记得那个神社是铁皮屋顶,据说,日军为显示对神社的重视,专门用铁瓦片,厦门人都叫那儿"铁厝瓦"。80年代末,厦门宾馆改造,就把日军神社拆除了,建成现在的明霄厅。遗憾的是,至今还没见到这一日寇侵略厦门史迹的影像遗存。

时任厦门宾馆的总经理叫李泗滨,他对记者十分友好,还专门邀请记者采访神社拆除建成明霄厅的过程。他说拆建是有关领导集体决定,可以体现改革开放的建设。

明霄厅建成后,还一度成为厦门市民的交际舞厅。不过,后来有一次我到宾馆采访,正巧看到铲土机正在铲一些神社遗存下来的石灯构件,整体石灯组合起来高两米、宽七八十厘米,上面刻有文字,内容大概是日据时期,各社团组织向日本神社敬灯。我脑海中一闪,这是日寇侵厦的证物,是应该得到保护的。

我赶紧跑去位于中山公园旁边的市文化局,还记得是一位叫作陈志铭的同志接待我,认为我反映情况很重要,但是要让我提交书面情况汇报才能加以处理。我只得赶回去写书面材料。最后,总算是将石灯保护了下来,听说被移进了某个防空洞内存放,只是从那以后,我再也没有看到过那些石灯。

厦门宾馆原本的范围还包括现在虎园路与文园路交叉路口的一处老别墅,大门的匾额还写着"富豪"二字。这是一幢侨房,一度由国家代管,80年代末那里是厦门最早的中外(中港)合资的酒楼之一。酒楼里的装饰和器具就如名字一样豪华,主要用于接待重要嘉宾。"富豪"的牌匾后藏有一个秘密,原匾的石刻是"友园"。我记得创作《义勇军进行曲》的著名剧作家、戏曲作家、电影编剧、小说家、词作家、诗人田汉先生也曾入住友园,在楼内创作了许多文章,落款为某年某月某日于友园。而这个"友园"就是后来的富豪酒楼。

在厦门宾馆附近还有一处厦门著名景点——万石植物园,位于福建省厦门岛东南隅的万石山中,背靠五老峰、南普陀寺、厦门大学,紧邻中山路商圈。植物园始建于 1960 年,占地 4.93 平方公里,是福建省第一个植物园,是鼓浪屿—万石山风景名胜区的重要组成部分,集植物景观、自然景观、人文景观于一体。园内有一万石莲寺,位于"万笏朝天"巨石的下方,由于寺周多巨石,故得此名,相传为唐代开元年间中原陈氏入岛开发时所建,是厦门岛上最早的寺庙之一,距今已有 1000 多年历史。这处寺庙现在对外开放,但曾经一度是解放军的驻地。我也见证寺庙由驻地恢复成寺庙。上世纪 80 年代,被誉为新加坡国师的宏船法师来到厦门。他年轻时拜会泉法师为师,1932 年,跟随会泉法师重回厦门,创设楞严学会,并改建万石岩为净土道场——万石莲寺。次年,在万石莲寺开办佛学研究社。因此,宏船法师此番从新加坡回来拜谒祖庭,意外发现万石莲寺变成部队驻军。后来,他赴北京,得到邓小平的接见。据说,在会面中,宏船法师向邓小平讲述了祖庭被驻军所用的事。没想到会见后,宏船法师人还没回到厦门,驻军就已撤出万石莲寺。

据传,继会泉法师之后任南普陀寺住持的太虚法师,有一次到万石岩拜访会泉法师,见宏船言行举止,知其日后必致力弘扬佛法,欣然题联:"海上有山森万石,人间渡世仗宏船。"我在万石莲寺内的会泉法师纪念馆内,还看到了这一对联。

"文革"期间,厦门许多寺庙都遭到不同程度的破坏,但是万石莲寺因为有驻军,反而保护得非常好。恢复成寺庙的万石莲寺也成了南普陀闽南佛学院女众班的驻地,直到今天。当时,女众班由梦参法师负责,他也是一位在海内外享有盛誉的高僧。我当时在植物园采访正在训练的新兵,采访结束返回时,看到万石莲寺已由部队驻地恢复成寺庙,在顺道探访中,邂逅梦参法师,并与他促膝长谈至深夜。其实,梦参法师对于和我长谈也十分意外,他说访客中能对佛学、佛法有这么深入的了解,实属罕见。当天,我们谈到闽南佛学院的发展,他说佛学院和万石莲寺的发展,不是要圈地扩张,而应该保留古朴之风,让弟子在佛学氛围内安心修行。我们还从文化角度谈厦门的佛教文化,及其对社会和东南亚的影响。现在回想起来,梦参法师当年所述之理想,正是后来的实践。

不久之后,南普陀召开"文革"之后第一次佛教界代表大会,我接到报社任务采访会议。也正是在那次会议中,我有幸遇到多位知名高僧,如妙湛法师、觉星法师、厚学法师、善扬法师等。

说到南普陀和妙湛法师,我还想起一件事。在南普陀寺西山门有一处"钱孔石",石高约 2.5 米,底部埋于土中,其腹部有一直径约半米的圆孔,状如铜钱,所以被人们称为钱孔石。该石又叫"海蚀石",千万年前厦门岛还是一片汪洋大海,由于地壳上升而成为陆地,海蚀地貌在厦门乃至福建的许多地方都有,是地壳上升有力的实物见证。从前的厦门人传说如果从"钱孔石"钻过去,便会发财致富,因此不少到南普陀的人都想去碰碰运气,我本人小时候也曾钻过。

上世纪 80 年代末,南普陀西山门外还是一处石料场,当时很多人疯狂盗采石料,有识之士投诉至日报,称那处"钱孔石"危险了。我接到任务后前往南普陀采访,当时妙湛法师已被推选为南普陀寺第八任方丈。我也有幸直接见到妙湛法师,并向他反映此事。他表示要先了解一下情况再看如何处理。其时,在南普陀还有一位觉星法师,我到南普陀那会儿,他虽已还俗,但南普陀正处百废待兴之际,所以他仍在寺内帮忙。他带我去看"钱孔石",并指着山门处的一块形似狮子的石头,告诉我说,他要向有关部门反映,一定要保护好两块石头。之后,我也通过报纸呼吁,最后两块石头都得到完好保存。

一次次的采访和际遇中，我看到了身边的点滴变化，而城市的嬗变也在其间默默呈现。

二、为保护城市文脉努力挖掘

到了上世纪 90 年代，厦门的城市发展进入快车道。一方面是外来人口，也就是新厦门人的不断增加；另一方面是许多老建筑正随着城市建设而被拆迁改造。

时任厦门日报社的领导也十分明智并很有远见，他说党报应该与城市的脉搏一起跳动，并且为弘扬、保护城市文化尽一份责任，所以报社准备开辟一个关于本土文化的专版，叫作"闽南风情"。领导问我是否愿意接手承担版面工作，我欣然领命。版面一创刊立即得到许多本土文化人士的热心支持，洪卜仁、方文图、彭一万、何丙仲、杨纪波、李熙泰等包括漳泉一带的作者都踊跃撰稿，内容丰富生动。因此，许多人至今对这一乡土文化版面记忆犹新。

我在做版面的同时，深感一个地方的文化与中华大文化联系紧密。闽南文化作为中华传统文化的分支，充满个性和活力，新闻的功能就是让历史文化活起来。我觉得文化有着特殊的内涵，可以不断发现挖掘的，同时，历史文化还可以产生当代回响。

闽南风情体现了草根性和本土人文的关怀。那个时候，许多了解厦门地理历史风貌以及各行各业的人士不仅成为闽南风情的热心读者，也成了版面的投稿人，其中更不乏年轻作者。在那个特定的历史时期，社会上有很多经历许多变革之后的见证人，有清朝出生的人，有老一辈文史专家，还有知道许多典故的老厦门人……他们的参与，为当时的版面提供了丰富的资源，来稿非常踊跃。版面可谓是完美地实现了报社预先想要的效果，既让新厦门人了解厦门，又让老厦门人通过版面怀旧、坚守文化自信。后来，版面还扩展为"八闽风情",前后持续了近十年。可以说,一个地方文化版面在挖掘保护城市文脉的同时,也跟随报社一起成长。

要长期持续做好地方文化的版面,要当个学者型的编辑,知识储备也很重要。我因家学的原因,从小读过四书五经等传统经典,在这方面与同时代很多人有些不同,大概也是我能当好编辑的基础。对中华传统文化的熟悉,为我研究地方文化打下了基础。我不断吸纳补充,要求自己对厦门志、鹭江志等本土文化的经典了然于胸。《厦门志》16卷、《闽书》154卷、《鹭江志》5卷等,我都通读过。

传统文化的基础很重要。记得有一回,孙中山的孙女孙穗芳到集美为孙中山铜像揭幕。铜像基座的铭文有《礼记》的词句,孙穗芳问我,理解其中的含义吗?我做了解答,还背了一段《礼运大同篇》。她感到惊讶和高兴,特地请我到她身边交流,并把她主编的《国父孙中山》签名送我。

与孙穗芳(孙中山孙女)交流

为什么我说知识储备很重要呢？因为作为一名编辑，对作者提供的素材可能出现的年代、事实之误，要能够甄别。给我们投稿的作者，有很多不同类型，有的虽然对于地方文化有所知，但了解的不尽准确；有的具备文史知识，存在通过挑错以证明自己的心态；有的希望从版面中得到新信息，为专业研究提供线索和思路……报纸作为公开出版发行的刊物，办报就应有胸襟，用认真来杜绝可能出现的差错，也要无私地让研究者从报纸中得到线索，同时能虚心接受一些读者挑毛病，耐心交流解释。保持这样的态度和专业，我所办的版面差错率极低，而读者评价很高，甚至常常被专业学术论文引用。例如，我曾做过一些关于琉球国与闽南的报道，就被很多人以此作为硕博士论文的线索。

从事编辑工作中可以体会到，在文化方面除了专业人士，民间还有许多不张扬、低调的文化人。因为专家也可能有知识短板，所以做城市文化的时候，必须有一种不耻下问的精神。我在中山路盐溪街采访时，就遇到一位90多岁的老人，真名不详，大家叫他"阔仔"，以前在厦门做杂工，但对厦门文化非常熟悉，对于许多姓氏、古厝、乡绅的故事可以信手拈来。

据我所知，在《厦门志》为数不多的配图中就有一幅是天后宫，但是，却鲜有人知道具体位置。为了解这一情况，我们在大同思北小学附近走访，找到天后宫的旧址。解放后曾是厦门制药厂。我就是读思北小学的，记得隔壁的厂房曾经作为药厂，妈祖像被迁出，就立在我就读的课室窗边，陪伴我读了好多年书。那尊神像，我现在还有很深的印象，是一尊手持笏板的站立神像，这与现在坐着的妈祖神像很不一样。可惜到了"文革"时期，神像变成一堆土。我对此一直存有疑问，清雍正皇帝曾御赐"神昭海表"匾额，一块给的就是厦门的这处天后宫（解放后被摘），另一块给了台湾鹿港的天后宫（至今还保存着），但是此处的妈祖神像是站立的，同时期的鹿港妈祖神像却是坐着的。咨询了许多专家都不懂原因。没想到这位叫作阔仔的老人懂,而且解释得特别有道理。他说,厦门这处天后宫在民国时期开始没落,有一些贫民住在里面,而他也在里面劈柴、做杂事,所以曾经听老人说过,妈祖像站立有两个原因,一是因为当时雍正赐匾额,要站起来接旨,宣旨后没有让她坐下,所以站着;另一个是紧挨着天后宫有一个林氏宗祠,特别壮观,妈祖本身姓林,叫林默娘,有祖宗在侧,她不能坐。我后来以此写成论文,还在厦门朝宗宫举办的妈祖文化论坛上发表。

经历过战争年代,厦门许多古迹被损毁,也依靠这些民间的地方文化爱好者找到。例如苏厝街的牌坊、美仁宫的往事等专题,都在读者间产生反响,并成为学者们撰写论文的线索。所以,报纸版面是否能长期办下去,与编辑个人的基础关系密切,一方面要经得起考验,另一方面要不断吸纳补充,这就特别需要重视民间,擅于从民间发现馆藏资料中没有的东西。

90年代末、新世纪初,厦门还有一个特殊现象,城市建设快速发展,这就出现了文化保护与城市开发的矛盾。因此,我们的专版也越来越关注如何保护城市文脉,例如推出"讲述老房子的故事"专版,如《江夏堂浓缩鹭岛百年记忆》引起文管部门对该古迹的重视,现江夏堂被列为福建省文物保护单位、厦门市涉台文物保护单位。

这一时期,是厦门城市建设大张旗鼓阶段,大规模厦禾路改造,城区建设也比较重经济轻文化。版面成为呼吁保护的舆论阵地。其中一事,在华侨博物院左手边的巡司顶有一处碧山岩寺,厦门文化小八景里的碧山飞泉即在此处。该庙与他处不同,供奉药王,这是厦门医药界崇奉的神,当时厦门医药公会还在石头上刻传记,讲述民国初年厦门药业公会的事。我们在那儿意外发现厦门志上有记载一块风动石——灵岩。在此之前,厦门文史界无人找

发现废墟中的"灵岩"

到。我们去的时候,刚好曾在碧山岩寺内的某单位宿舍刚刚被拆除。在废墟中有一块峥嵘独秀的石头,我脑海中立马闪现一个念头,会不会是志书里提及的风动石?几个人一起去推,果然摇动,并在上面看到"灵岩"二字。这一发现一经报纸披露发表,引起轰动,也有不少人质疑。因为,这块石头就"藏"在宿舍内,作为宿舍的一堵墙,难怪一直找不到。这块"灵岩"重见天日,当时还拍下了一张采访人员一起推石头的照片。这次经历也说明,文化会遗失于野,靠有眼光的人"拾回来"。

厦门港围仔内的 5 号卢厝,颇具闽南古民居的特点,内有很多精美的清代石雕、木雕。陈嘉庚当年修建鳌园时,还曾去那里参观,并向屋主求购。主人是清末旅菲华侨卢安邦后代,不同意出售,但同意工匠来参观。后来陈嘉庚真的带工匠前往学习借鉴。我前去现场采访,才知道此屋果然名不虚传,才知道为什么陈嘉庚会屈尊去看,仅仅是大门上所题的黄道周诗词、张瑞图的书法,就足见主人水平。修建卢厝的卢安邦曾拜"台湾金石学宗师"吕世谊为师,屋内还很多石刻的吕世谊亲手写的书法作品。当时一同前往采访的时任市文物处处长陈志铭说,卢厝的石雕的工艺水平远胜于鳌园。因为工艺虽然不断传承发展,但老一辈工匠的精致精神和琢磨的耐性,后来者很难再有。我们也在报上呼吁保护,加上多重因素一起推动,最终得到保护。不过,随着时间推移,房子已老旧,但一方面不能买卖,另一方面屋主又无力维修,他们希望社会上有人可以进行产权置换,让房子得到更好的保护。

尽管报纸的呼吁能起到舆论监督的作用,有些史迹得到了保护,但也会有遗憾。例如,作为地名的将军祠,原有非常壮观的牌坊群,若保留下来,将全国知名。据《厦门志》记载,直到清道光年间,厦门有 16 个牌坊。将军祠牌坊群有图片为证,规模特别大,一部分在日据时期被日军破坏,另一部分则是在解放之后被陆续拆除。我曾经看到一些被拆下来的部件。上世纪 90 年代末,我之前带过的一个厦大学生林忠建就职于省运输公司党委办公室。这一办公室在文灶,在公司的院子里看到堆积如山的牌坊部件,有石雕的梁、盖头等,就连石刻圣旨都变成了垫脚石。学生告诉我,说这些无意中收到部件,也不知要保护还是丢弃。后来梧村街道要找寻这些部件,我提醒他们可以去那个院子里找,但早已经无影无踪了。现在厦门岛内仅存的一个完整的牌坊是"孝阙增光"坊,原位于普佑街民族实业家黄世金故居前,后来黄世金故居被拆,重建于中华城,仅这个牌坊是原物。

还有如 90 年代末厦禾路的拆迁。这条路上有一处华侨别墅——刘建业别墅,特别精致,这位华侨有了财富后仍然崇尚中华文化,专门请民国时期知名书法家苏躬豪用黄金书写朱柏庐的治家格言作为屏风,我亲眼看到这座别墅被拆除。

在厦门五通出过一位著名茶叶大王张宝境。他在五通建的别墅,将西洋艺术与中华传统文化相结合,在厦门解放战争时期,还曾作为解放军的指挥部,为厦门解放做出贡献。参与解放厦门的老干部在 20 世纪末还专程回来看。可惜,在新世纪初也被拆除了。

考察湖边水库的"望柱"

还有一些事更具讽刺性。新世纪之初,岛内湖边水库首次放水清库,水库底浮出一个个谜团,古墓、古石雕、古石刻等重见天日。特别是一对 6 米高的望柱,上刻有玉音的字样和楹联,规制很高,但史料缺载,水库清底后这对完好的望柱被运到文化中心的广场,其中一根现已断成三截。在那一时期,鹭江道上的黄金海岸工地出土了一门铸有"金门"字样的千钧古炮,后来被放置在中山公园文保中心办公楼小院内。最终也不知所归。一些事情的确让人不胜嘘唏。

这些在厦门遗失的史迹,在文化上的损失不可估量。所以,文化和遗迹易损难保,保护真的刻不容缓。城市若没有文脉,文化会断层,还好有洪卜仁、方文图、彭一万等老先生愿意站到保护文脉的第一线,踊跃投稿。时任厦门日报领导的李泉佃、江曙曜也明确指示,要保护城市文脉。这一时期厦门日报做了确实有益的事。

三、甘当两岸文化交流"推手"

新世纪之后,报社迎来一轮新的大力度改革,搬新大楼,同时大幅度的改版,如在地方文化的专刊上开辟"地理"专刊,强调杂志型办报。专刊就要求编辑在内容选择和展现形式上进一步提升,区别于其他短平快的报道,讲究新闻的纵深性,要通过新闻线索来深化主题。这样,原来的通讯员队伍没办法撰写所需的稿件,要求编辑深入实地访问,从简单的线索中挖掘深度。

专刊的条件也很"残酷",只有一个编辑,没有记者。报社允许高校学生来实习,很多人不愿意带实习生,因为时间短,好不容易带出来了,人就离开返校了。而我带学生特别尽心尽力,因为可以弥补我缺人、不懂电脑的短板。同时,我办文化类专刊,特别希望吸引年轻读者,在与他们沟通中,我可以思考如何表现能够更吸引年轻读者。所以,我带的实习生,大家都能建立很好的感情。

专刊稿件,一般是我带学生亲自去采编,一体化的工作让版面主动性很强。尽管辛苦,但曾获得多个第一,如在报社内部的评报时,在专副刊类中屡获好版面;进行读者调查时,"地理"专刊版面美化形式也是第一；读者阅读率，也获专副刊的第一。

专刊还有一大特色，就是与时代脉搏联动。当时的"地理"版凸显本土的草根性，除了讲述厦门的人文地理，更着力挖掘厦台两岸的历史渊源。我作为"地理"版编辑，依托厦门地理，强调两岸渊源，结合新闻背景和挖掘历史的亮点形成当代回响。

2006年，两岸"小三通"后，两岸开始频繁互动。两岸通航首航机长叶德勇和名人赵守博、连战、江丙坤等都成为我的采访对象。2006年，国民党名誉主席连战先生回祖地漳州龙海马崎村谒祖，我提前一个月从动态新闻中得知信息，立即进行专题策划，制作了富有情缘韵味的专题《探访早传春意的马崎》，随后又深入挖掘连战一家近百年来与国家历史的关系，写成《一个家族的迁徙和国家的历史》。之后，我见到连战时，他说他有看到这篇文章。这中间还有一件趣事。当时，连战到访厦门，报社安排我去采访。临出发时，厦门文史专家龚洁来到报社，说他曾经写过关于鼓浪屿上一处连横曾经办报的地方，连战可能想去看看，他接到市里的任务前往陪同。当时天气不冷不热，龚洁穿着件单衣，我穿着衬衣加外套，时间紧，龚洁来不及换衣服，就穿着我的外套赶去鼓浪屿。在鼓浪屿，连战主要参观两个点，其中一个是钢琴博物馆，因为安保严格，龚洁没有证件，不能靠近，就在博物馆外等候。陪同连战来访的其儿子连胜武也没有进去，我采访完成后，也来到博物馆外，三个人就一起在外面闲聊。我发现连胜武特别谦逊、有涵养。我向连胜武介绍龚洁是文史专家和连横的办报地点，连胜武说感谢专家和媒体，为两岸文化所做的贡献，并举例说前几天读到一篇报道关于一个家族与国家的命运，写得很好。我说，那是我写的。龚洁说让我帮他和连胜武拍合影，并以他的名义把照片发往香港的报纸上。有意思的是，他当时合影穿的衣服还是我的呢。

后来，连战参观出来，连胜武告诉他父亲，说专家和媒体为他们做了许多工作,不知如何感谢,如果有什么要求或困难,或者前往台湾,他都乐于相助,还当面告诉一位助理要和我保持联系。

那位助理常住厦门,后来经常和我联系,有一回我正在装修书房,问可不可以请连战先生帮忙题字。助理说他来办,之后就详细地问我想题什么字。我说,书房叫品梅堂,如果能得到连战先生的题字那是莫大的荣幸。几个月后,那位助理就将连战的题字带来了,让我喜出望外。

连战亲题的"品梅堂"

江丙坤回到祖籍地漳州平和祭祖时,我专程跑到平和采访了江丙坤,连续做了系列报道,并在江丙坤离开漳州前,把报纸送到他手中。江丙坤祖上是铁匠,我以《铁匠家族传奇》《燃一炷香,了三生愿》等为题,他看了非常高兴,说要把所有报道带回台湾,并同我合影。

在一系列两岸往来互动中,我作为媒体人,也应是两岸关系的推手,所以,一方面,不断关注、推动两岸人士接触交流,报道新闻;另一方面,也从本土出发,发现亮点,例如挖掘海沧邱韵香的故事,不仅在报上刊发系列报道,还将发现成果和曾经带的实习生、现《福建侨报》记者许丹一起写成论文,在首届海峡论坛现场和台湾的刊物上发表。特别是海沧新垵、霞阳、鼎美、院前等地都存在大

请教江丙坤（原中国国民党第一副主席、海基会董事长）

量的精美古民居群,这些古厝和岛内的一些番仔楼大都是华侨海外拼搏、反馈故里的结晶,其中承载了丰富的本土人文信息。我花了大量的时间进行调查研究,将它称为"海丝遗珠",和厦门大学历史系的陈瑶教授合作写成书。

其实,厦门的文化有两大特点,一是两岸性,如江丙坤、连战等人的互动交流是势所必然。清代高拱乾所作的《台湾府志》就指出:"台郡厦岛,鸟之两翼",这指出两岸的人文共性。台湾有90%以上的人是闽南人后裔,在台湾归中国版图时,厦门长期作为唯一通台口岸,大小三通都从厦门开始。足见,厦门对于两岸具有特殊的纽带意义。21世纪初,两岸关系出现关键性的转折,作为媒体人,我融入其中,理所当然。当时我还得到金门文化人士黄振良先生的帮助,把我主编的《海峡地理》送发到金门和台湾地区,这是两岸恢复往来之后首度进入金门、台湾的党报专刊。

二是涉侨性。有一年,马来西亚航空专门邀请我参加厦门与马来西亚雅比(亚庇)首航式。这个亚庇就是由同安人开辟的,这在《同安县志》有记载。当时采访首航,给我印象最深刻的就是当地华侨华人对祖(籍)国的情感。许多华人几代生活在当地,但仍记得祖先生活在泉州、漳州或厦门等地。我在当地访问了一家苏姓峇峇娘惹家族,这位娘惹穿着传统服饰,特别漂亮,每个纽扣都是黄金做的,而她们家的房屋纵深超过 60 米,在闽南这叫作竹竿房。她还记得祖籍地是同安。我们下榻的酒店里,服务员都会讲闽南语和普通话,他们的共同愿望都是,如果赚到钱,都想回家乡看看。这种现象在新加坡也很普遍。有一次我们一行人到新加坡中转,做特别短暂的停留,新加坡同安会馆还专门在一个同乡企业家开的酒楼里宴请我们一行人。没想到,在宴会现场见到了会馆所有的人,他们都十分热情,因为我们是家乡去的人。到我们上车离开时,所有的人都站在人行道上依依不舍。后来我数度到马来西亚采访,在一次活动中,还采访了华裔歌星光良。当他得知我来自厦门时很高兴,他说他想到厦门,还为我签名留念。

每次与海外华侨华人接触,都会对于他们对祖籍地的深情产生深刻的印象。

有一次,我面见菲律宾华侨诗人云鹤时,他送了一首诗给我:"有叶,却没有茎;有茎,却没有根;有根,却没有泥土。那是一种野生植物,名字叫,游子。"读之潸然,深感华侨华人在海外生存之不易,尽管他们当中许多人功成名就,尽管已繁衍许多代,但他们始终觉得根脉在故乡。很遗憾,不久之后,他也过世了,但留下的诗篇仍然道出了心声。

华侨华人在海外拼搏,仍不忘对根的认同,一生似乎就为了回来看看的那一天。让我难忘的是,童年的时候,我亲历过华侨回乡的感人情景,那时我家租住在墙顶巷 50 号。主人杨如东从新加坡回来,那时正是经济困难时期,他带回了大量的生活物资,分送给了非亲非故的所有左邻右舍。回来期间,他经常祭天祭祖,还带回一些药品,专门供人索取。有感于此,我发现有些东西常常被大家忽略,于是在版面中,专门做了许多和华侨有关的题材,比如南侨机工、侨批文化、厦门最后一个进士陈纲等。

此外,还有大概在 2012 前后,新加坡著名华侨陈金钟后裔回来闽南寻根,其家族曾赞助孙中山辛亥革命。我当时采访后做的专版还被新加坡国家图书馆收藏。

无论是涉台还是涉侨,亦或是厦门本土文化,我都孜孜不倦地从模糊的史料,甚至没有材料中,不断求索和挖掘,渐渐补充和完善,形成馆藏之外的珍贵资料。

四、乐为本土文化不断耕耘

在采访编辑过程中,我发掘出许多重要的未见于馆藏资料的文史线索,涉及厦门城市文化和历史人物。这些线索散存于民间,如果系统整理,可以丰富充实厦门的文史内涵,正所谓"礼失求诸野"。所以,我开始思考要整理出书的事。

而这时,一些文史前辈的风范特别让人尊敬。洪卜仁对我说:"你现在有这条件,手头还有很多资料是馆藏之外的,更有与台、侨的接触第一感受。一定要好好保存整理出来。"后来,厦门市政协的文史委委托洪老主编一套关于厦门的历史文化丛书,他就非常鼓励我,让我将手头的第一手、体现自己特色的资料整理结集。在他的鼓励下,我撰写了《厦门闾里记忆》一书。时任厦门日报副总编江曙曜亲自作序,并在文中表达了对地方文化的支持。该书呈现了我的体验感受和责任,并对馆藏之外的许多文化现象进行探索深化,勾勒出厦门文化上的涉台涉侨特点,一经出版就特别畅销。听说,最近这本书又将再版。

这期间,国台办也通过一些渠道与我联系,希望我写一本关于涉台文化的书,于是,我写文,报社摄影记者郑宪配图,一同完成了《血脉情相牵》。前厦门日报社社长李泉佃作序,他在文中勉励新闻人用独特视角和思辨的思维多开展文化工作。此书被国台办列入重点对台交流书目。

从那个时候起,我就不断挖掘、撰写尚未被馆藏的资料,并形成书稿。如首部讲述厦门古琴文化的《鹭门古琴》,与青草药专家黄锄荒合著的、由社科联支持出版的《闽南青草药》等。

近年,我步入退休之年,从上班的工作脱离后,但仍然觉得对前来咨询的年轻同志有扶持的责任和道义。岛外的海沧、翔安等地区,也邀请我帮他们做一些乡土文化发掘的事。尽管在国家级核心刊物上刊发论文是一个方向,我曾有多篇论文刊发。在《中国国家地理》上也有专题文章刊发。但我始终保持一种心态,那就是在学术上应该深化挖掘的一定要做,也不能善小而不为。比如海沧挖掘的乡土文化,他们找了几个即将被城市化的村落,如嵩屿、青礁、洪塘天竺山、海沧街道、渐美村、鳌冠村等。几个村庄做下来,我花了好几年时间,过程中也发现了许多新内容。在东孚发现具有明确记名的抗倭遗址长安楼,嘉庆年间为抗倭所建;贞庵村发现亚细亚石油公司遗迹,清末建的铁桥留存至今;青礁村有风动石等;渐美有鼓浪屿青年来支持建水库、修海堤的遗迹;鳌冠村有康熙御匾、林文庆轶事、侨批等;新垵除了古民居外,还有陈嘉庚常来找的亲戚、一个盐场通向东瑶等;东孚东瑶的古窑址与海丝联系紧密、过芸溪完整的古桥遗迹等。总之,在脚步丈量中,只要深入都会有发现。

而我撰写《鹭门古琴》却要从钢琴神童牛牛说起。他家与我都是同安老乡,他说长期为了练琴都没有朋友,我们一起到殷承宗那儿。在交流采访中,我深感钢琴文化在厦门城市文化占有重要的位置,而我的古文化底蕴也让我从中感受到城市深厚的文化积淀里产生的中外交融。厦门自古以来就有古琴文化。厦门历史上素有"紫阳过化，正简流芳"之说，赞颂的是朱熹和苏颂在厦门的经历，他们两人都是古琴高手。其中，朱熹就专门写过一个琴铭，足见厦门古琴，也是一项非常重要的非物质文化遗产。这钢琴外来，古琴固有，但关于此两方面阐述的资料有限。我觉得这是厦门文化的特色之一，中和外，古和今，于是，我就由此产生想法，并得到厦门龙人古琴的支持，主编这本《鹭门古琴》。彭一万看到后，感叹当年在任文化局局长时怎么没有想到将二者结合进一步挖掘。此书也成为厦门研究此类书籍第一本。当时，《厦门晚报》和相关媒体还专门做了报道。

2016年，厦门历史上第一部从邮政发展视角来记录厦门变迁的专著《邮说厦门》首发。这是缘于时任厦门邮政局党委书记张志军与我约谈，说厦门邮政文化与厦门历史变迁渊源深厚，而我对厦门历史文化比较了解，他希望能够出版一本相关的书籍。我一直有集邮爱好，又对集邮文化有了解，于是，做了一个书的策划方案。对方很满意，不过我告知对方，这是一个大工程，合众人之力才能完成。2015年前后，先由我主编，很多集邮专家一起参与。前后历时近两年，其间也遇到很多争议、矛盾。后来张志军表示由他任主编、我任副主编，来协调各方，并有社科联、宣传部支持。该书体现了我的策划，出版后被抢购一空。2017年，此书在亚洲书籍展上获大银奖，是厦门文史界书籍获得的最高奖项。

2019年，金鸡奖将在厦门举办。我临时接到编写《中国电影与厦门》一书的任务，时间紧任务重，可以说是受命于紧急之际。我任执行主编，许丹任执行副主编，为了有效完成任务，我们专门找了厦门大学相关专业的学生配合。依托厦门市政协书籍、资料支持，加之以原有的素材储备，文友、专家的无私支援，用不到一个月时间完成5章24万余字，300多张图片。虽然时间很赶，但仍然挖掘出厦门电影史上许多鲜为人知的事和人，从历史、人物和事件中发现厦门与中国电影的渊源。尽管比起前人所著《厦门电影百年》更充实，但我觉得这是"站在巨人肩膀上"而得到的一点长进。

编写书籍的过程，与采访做版的过程，有相似亦有不同。相似之处在于，我一贯坚守着"礼失求诸野"的信念，在前人成果和历史资料的基础上，辩证思维，面向田园和民间，多方考证。不同之处在于，采访做版的新闻往往要求时效性，而编写书籍不同，有的做了两三年，有的不足一月。无论是哪一种工作，于我都是挑战与磨炼，因为做文化工作，要对历史文化、对乡土故里怀有敬畏之心、谦卑之心，才能脚踏实地、默默耕耘，不计得失、不求功利。

后 记

2015年,我校筹建厦门口述历史研究中心,将研究重点集中于历史洞察、关照社会变迁的口述访谈。陈仲义教授为平台成员提供了丰富的选题。拥有人类学专业训练的我,深深迷上了地方文化和民俗事项研究,毫不犹豫地申请承担访谈、整理及相关统筹的任务。

我是在漳州市龙海县出生的。幼年又随父母从上杭搬迁到厦门。父亲和母亲都是图书馆的资料管理员,因而家中也堆满了各种民间收藏,以及各门类的读物。我的父母从年轻一直工作到退休都在厦门大学里,自然认识了很多地方历史、社会和文化的学者。打小,我是在父母翻阅文书资料,严谨的学究态度中逐渐成长的。本书收集的郭志超和石奕龙教授,均是我硕士研究生的授业老师,也是我一生求学的向导。至今我还记得郭老师上课时候,讲述田野调查方法要做到与研究对象"打成一片"而融入当地社会;同时,研究成果要做到"一叶知秋",即详细解剖地域文化的同时,形成与宏观议题进行对话的能力。石老师讲述厦门民俗和民间信仰,构拟出一幅幅生动的传统生活长卷。这让我们叹为观止。因此,我多年的夙愿,就是能通过一本自传体的方式记录他们的研究生涯,把他们切实的文化研究体验,交织于其生命历程,为大众展示学者求学、治学、教学这一完整的生活史。

著名的美国社会学者米尔斯在《社会学的想象力》中指出,"人们只有将个人的生活与社会的历史这两者放在一起认识,才能真正地理解它们"。本书收录的文化学者研究范围颇广,有闽南语(周长楫)、民俗文化(郭志超、石奕龙和陈耕)、旅游文博(龚洁、彭一万)、传统文化保护(黄念旭)、闽台文学(徐学、夏敏)、地方历史(李启宇、何丙仲、卢志明)。洪卜仁、何丙仲、陈耕、李启宇和黄念旭,在厦门鼓浪屿申请世界文化遗产名录、厦门国家领导人举办金砖会晤等重要的国际交流活动中,积极参与咨询、顾问和解说活动,为国家形象展示和民族文化保护做出了卓越的贡献。

还记得我带着学生,在龚洁老师十二平方米不到的卧室(兼书房)进行访谈,在黄念旭老师繁忙工作的间隙中采访,还在彭一万老师出差回途中采访……他们的陈述,无一不使我动容。新中国成立 70 年以来,厦门的面貌发生了翻天覆地的变化。滨海小路成为美丽"外滩",古老的渔港转身为新城市地标,旧厂房、工地被改造成时尚的产业园……所有这一切都不能让我们忽视传统文化传承的重要责任。退休后,黄念旭还努力将非遗文化送进校园,通过档案材料建立濒危文化保护项目;龚洁先生仍积极推动鼓浪屿历史风貌建筑和重要名人故居的修缮,以保护鼓浪屿记忆;彭一万老师还参加各项社科志愿服务,为"鹭江讲坛"及基层单位举办各种文化讲座。在鼓浪屿申请世界非物质文化遗产期间,何丙仲老师受聘为鼓浪屿文史顾问,奋力收集中英文献,为政府提供最有利的学术支持。李启宇老师退休十年笔耕未停,积极参与厦门地志的编撰活动,如《厦门史料考据》《鼓浪屿史话》等。陈耕老师退休后,也承担闽南文化研究会会长的重任,并极力推行"闽南学"之学科建设的构想。徐学老师也是我父亲的挚友,谈吐儒雅,点评有力,总能带给听者一种顿悟的感觉。他和集美大学的夏敏教授,长年研究闽台两地的民间文学,发表了近百篇学术论文和相关文学作品。周长楫教授一生志在推广闽南语，及闽南文化传播工作，他本人也是闽南童谣的传承人，受邀在各大媒体、网站担任闽南语顾问或嘉宾。卢志明老师为《厦门日报》原主任编辑，广泛涉猎于闽台文化，编撰和整理的厦门文化的论文、读本、报道等，十分丰富。

这些学者是我们这个世代文化传承的优秀代表。他们各自独特的人生经历，都嵌合在特殊的历史长河与社会结构的交汇之中。纵观整个生命路径，大致可分为知青岁月，知识求学和工作探索三大篇章。通过文本回溯，我们秉持崇敬心境，深入理解他们的人生体验，更具体地看清中国社会的剧烈变迁是如何整合到个人求学、治事的生涯之中，进而思考我们个人困惑与社会议题之间的关联。或许，也可以通过文本再现历史，理清当下自己身处的环境中所有的机遇与挑战，最终启发性地找到一处适合于自己的人文归宿。

本书的收集和整理，特别要感谢我们学院的文秘专业、社会工作专业和老年服务管理专业的十三位同学。按照章节出现的顺序，他们分别是：卓楠（第一章）、黄振三（第二章）、张玉婷（第三章）、刘芳（第五章）、邹文凤（第六章）、黄诗艺（第七章）、柯甜甜（第八章），王明月和赖志豪（第九章），林明雅（第十章）、严丽娜（第十一章）、黄小瑶和徐晋杰（第十二章）。这次访谈过程借用了"学徒制"的方式，大体分三个步骤：首先，以我为主采访学者，学生在一旁观察和记录。接下来，师生一同分享采访过程，分析脉络和采集重点。然后，专家阅稿后反馈，学生补充采访并与我一同修缮，最后由我统筹。通过这三个环节，参与同学在访谈技巧、文字提炼和沟通能力上，均有所提高。而且，许多同学克服课业压力、访谈受挫情绪，等等，终于完成他们第一次口述历史的训练。这种方式也为今后老师继续带领学生走出课堂，积极参与社会实践，教学相长提供经验参考。虽然存在一些不足,但整体还是让人满意和欣慰的。另外,采访过程中,还有几位老师参与其中,分别是林良才(第一章)、许晓春(第六章)、许丹(第十三章)。这里一并表示致谢。

由于主客观原因,特别是篇幅所限,厦门其他文史专家和工作者:叶克豪、郭坤聪、黄绍坚、萧春雷等,只好暂付阙如,以待来日。

潘　峰

写于沙坡尾浪琴苑

二〇二〇年五月五日